学びなおし English

小宮 繁 + 小菅隼人
KOMIYA Shigeru　KOSUGE Hayato

慶應義塾大学出版会

本書 95－106 頁の "Establishing a Basis of Argumentation" は、Fukuzawa Yukichi, *An Outline of a Theory of Civilization*, David A. Dilworth and G. Cameron Hurst, III trans.、慶應義塾大学出版会、2008、7－15 頁より転載。

はじめに

　この本は、かつて英語を学んだけれども今はすっかり忘れてしまった社会人、これから大学受験なのだけれども教科書はつまらないと思っている高校生と予備校生、そして英語ができるようになりたいけれども、なかなか単位の取れない大学生や通信教育の学生のために書かれました。『学びなおしEnglish』というタイトルは、英語を学習したいのだけれど、その目的は、留学とか、受験とか、ビジネスではなく、その裾野としての広い英語の世界に、とにかくもう一度入っていきたいと思っている全ての人を意識しています。
　この本は、一度は英語の世界に入った人を想定していますから、英語学習に必要な全てを網羅しているわけではありません。言い換えれば、総合的に学ぶよりも一点突破、最初の重い一歩を踏み出すお手伝いができればと思っています。ですから、最初から精読するのもよし、副読本としてつまみ食いをしてみるのもいいでしょう。いずれにしても、文法編、読解編、コラム (tea break)、付録のほんの一部分でも、皆さんの知的好奇心を刺激することを願っています。
　この本の 2 人の共著者は、ともに慶應義塾大学文学部英米文学科および同大学大学院でかつて外国語を学び、今では同大学理工学部で主に英語を教えています。年齢は 10 歳ほどの開きがありますが、お互いに深く信頼しあい尊敬しあう同僚 "Colleagues" です。この 2 人にはともに尊敬する 1 人の人物がいます。慶應義塾の創立者である福澤諭吉です。そして、2 人は、英語を教える時に折に触れて福澤先生の次の文章を思い出します。近代自伝文学の白眉である『福翁自伝』の中の「英学発心」という部分から始まる一節です。そこでは、大阪から江戸に出た翌年の安政六年 (1859)、福澤先生が横浜を見物に行った時のエピソードが語られています。

　…ソコデもって、蘭学社会の相場はたいていわかって、まず安心ではあっ

i

たが、さてまたここに大不安心なことが生じてきた。わたしが江戸に来たその翌年、すなわち安政六年、五国条約というものが発布になったので、横浜はまさしく開けたばかりのところ。ソコデわたしは横浜に見物に行った。そのときの横浜というものは外国人がチラホラ来ているだけで、ほったて小屋みたような家が諸方にチョイチョイできて、外国人がそこに住まって店を出している。そこへ行ってみたところが、ちょいとも言葉が通じない。此方の言うこともわからなければ、彼方の言うこともちろんわからない。店の看板も読めなければビンのはり紙もわからぬ。何を見てもわたしの知っている文字というものはない。英語だか仏語だかいっこうわからない。…（中略）

　…横浜から帰って、わたしは足の疲れではない、実に落胆してしまった。これはこれはどうもしかたがない。いままで数年の間死物狂いになって、オランダの書を読むことを勉強したその勉強したものが、いまはなんにもならない、商売人の看板を見ても読むことができない、さりとはまことにつまらぬことをしたわいと、実に落胆してしまった。けれども決して落胆していられる場合でない。あすこに行われている言葉、書いてある文字は、英語か仏語に相違ない。ところでいま世界に英語の普通に行われているということは、かねて知っている。なんでもあれは英語に違いない。いまわが国は条約を結んで開けかかっている。さすればこの後は英語が必要になるに違いない。洋学者として英語を知らなければ、とても何にも通ずることができない。この後は英語を読むよりほかにしかたがないと、横浜から帰った翌日だ、一度は落胆したが同時にまた新たに志を発して、それから以来はいっさい万事英語と覚悟をきめて、さてその英語を学ぶということについてどうしてよいか取付端がない。…

（福澤諭吉『福翁自伝』富田正文校注、2001年、慶應義塾大学出版会版より）

　この後、福澤先生は、英語を猛勉強し、咸臨丸での洋行を経て、3年後には遣欧使節団の翻訳方として、文久2年 (1862)、英艦・オーディン号で欧州各国への旅に出発することになるのです。最年少22歳で大阪適塾の塾頭に

なった福澤先生は、当時、日本で最もオランダ語ができた人でした。それが、看板も読めない……。横浜で味わった落胆はいかばかりのものでしょう。しかしそこでヘナヘナとくじけないところが福澤先生の近代思想家の巨人たる所以です。英語を学ぶ者としてこの文章には本当に勇気づけられます。ぜひ、全文を読んでみてください。

　さて、この本は、大きく文法編と読解編で構成されています。基礎文法編は小宮が、英文解釈編は小菅が担当し、コラムや付録は2人で分担しました。しかし、2人は編集者を交えて慶應義塾大学日吉キャンパスで何度も打ち合わせを重ね、原稿を交換してお互いに意見を述べ合いました。それでも喧嘩することなく1冊の本として仕上がったのは、相互信頼があったればこそです。さらに、編集担当の石塚礼美さんは、さまざまな資料収集や事務処理にあたって我々2人の執筆を支えてくださり、また、しばしば有益なアイディアを与えてくれました。石塚さんが一時期介護のために長期休暇を余儀なくされた時も、私たちはこの3人のチームで最後まで仕上げることを約束して石塚さんの復帰を待つことが出来ました。もちろん、内容上の責任は小宮、小菅にありますが、その意味では、この本は3人の合作です。また、英文解釈編で使っている福澤諭吉『文明論之概略』の英訳『An Outline of a Theory of Civilization』(慶應義塾大学出版会、2008年) の中の pp.7〜15「Establishing a Basis of Argumentation」については、英訳者代表の David A. Dilworth (デヴィッド・A・ディルワース) 先生が快く使用を許可してくださったことに心より御礼を申し上げます。この部分の日本語訳は英語学習を意識して小菅が作りましたが、原著の福澤先生の気品とユーモアに遠く及ばないことは言うまでもありません。

　願わくば、この本を手に取る皆さんが、英語修行において福澤先生の根性を見習って、再学習の道に入られることを望んでいます。2人の共著者もまた常に福澤先生の「学び直し」の精神を持ち続けたいと強く願っています。

2016年初春
小宮　繁、小菅隼人

Contents

はじめに ……………………………………………………… i

Chapter 1　基礎英文法編

Section 1　文の基本 …………………………………… 2
1- 1.　英語の文（Sentence）の構成 …………………… 2
1- 2.　動詞と文型 …………………………………………… 8

Section 2　動詞変化を中心に ………………………… 25
2- 1.　単純現在・単純過去・単純未来 ………………… 25
2- 2.　完了形 ……………………………………………… 31
2- 3.　進行形 ……………………………………………… 36
2- 4.　受動態 ……………………………………………… 38
2- 5.　仮定法 ……………………………………………… 40
2- 6.　法助動詞 …………………………………………… 44
2- 7.　不定詞 ……………………………………………… 49
2- 8.　分詞 ………………………………………………… 56
2- 9.　動名詞 ……………………………………………… 60
2-10.　話法―時制の一致 ………………………………… 65

覚えて使おう！ ……………………………………………… 68
基礎英文法編　参考文献 …………………………………… 76

　　　Tea Break 1　英語の辞書 ………………………… 77
　　　Tea Break 2　シェイクスピアの名台詞 ………… 79

Chapter 2　英文解釈 編

英文解釈の基本と実践 ······················ 84
- 心構え1　単語の意味は文全体の中で決まる！ ········· 84
- 心構え2　文は積み重なる：
　　　　　トピックセンテンスを見つけよう！ ········· 86
- 心構え3　段落（＝パラグラフ）は積み重なる！ ······· 91
  - 【英　文】"Establishing a Basis of Argumentation"
  　　　　　　　　　　　　　　　―Fukuzawa Yukichi ····· 95
  - 【日本語訳】「議論の土台を立てること」― 福澤諭吉 ···· 106
  - ★英文下線部分解説 ····························· 114

　　　Tea Break 3　数字を読もう ················ 123
　　　Tea Break 4　英語で計算 ················· 126

Chapter 3　英語基本勉強法

英語を身につけたいと思っている皆さんのために
～効率の良い勉強法とは～ ················ 134

- 1　目的をはっきりさせる ···················· 134
- 2　4つの技能 ···························· 135
- 3　読むことのススメ ························ 135
- 4　聞くことのススメ ························ 137
- 5　最後に ······························· 138

　　　Tea Break 5　英語の歴史
　　　　　　　　　　～性（Gender）と格（Case）の消滅～ ·· 140
　　　Tea Break 6　「クマ」と「ひげ」
　　　　　　　　　　～英語の発音について～ ·········· 143

Appendix

- Apx.1 英語の暦 ··· 146
- Apx.2 世界で使われている英語 ························ 148

Chapter 1

基礎英文法 編

Now, let's learn basic English grammar!

Section 1とSection 2の前後編に分けて、まずは基本となる8つの文型（構文）を、続いて語形変化に基づく様々な表現（時制、受動態、法助動詞、不定詞、分詞、動名詞、話法）を思い出していただきます。例文とQ＆Aを活用してください。最後に例文集を載せましたので、フレーズを暗記したり、これだけは覚えたりするなど役立ててみてください。

せっかく学校で習った英語も、使わずにいれば錆びついてしまいます。その錆びついた英語にブラシをかけ、どうにか使い物になるようにしたい。本書は、そんな人のための小さな文法ガイドです。再学習者のための手引きですから、まずは、かつて習ったことを再び鮮明に思い出してもらうこと。そして英文法の要ともいうべきところをしっかり覚えてもらうこと。このような目的をもって書かれています。

本章の前半である Section 1 は英語の基本的文型、後半の Section 2 は時制・態など動詞の働きを中心とした記述になっています。名詞・形容詞・副詞・前置詞・接続詞など品詞については、ページ数の関係もあり、ことのついでに触れることはあっても、項目を設けて解説するようなことはしていません。しかしもっとも基本的で重要な事柄ですから、必要に応じて、体系的・網羅的な文法書を繙いてほしいと思います。

もう1つお願いがあります。学習者用の中型の英和辞書を用意してください。多くの英和辞書は文法書としても大変よくできています。その辞書を丹念に引きながら、この文法ガイドをゆっくりと読み進めてほしいのです。

なお、慶應義塾大学通信教育課程教材の小菅隼人著『英語Ⅰ〈簡約〉英語の文法と表現』(※非売品)から、多くの例文を借用しています。

Section 1　文の基本

1-1　英語の文（Sentence）の構成

1　主部と述部

一般に、文は**主部**と**述部**という2つの部分に分けられます。主部で主題を提示し、述部では、その主題について何事かを述べるわけです。

The small town / boasts the highest number of tourists in the area.

（その小さな町は／地域で一番の観光客数を誇る。）

　この文では、the small town「その小さな町（は）」が**主部**＝主題で、その後に続く boasts the highest number of tourists in the area「地域で一番の観光客数を誇る」が**述部**ということになります。

2 **主語と述語動詞**

　主部の中心は**主語**です。上の文では、town が主語になります。主部を構成するその他の語——the と small——は、town という語を修飾する修飾語です。一方、述部の中心は**述語動詞**です。上の文では、boasts がこれに当たります。boasts 以下は、目的語（number）とその修飾語句です。

　主語と**述語動詞**という2つの要素はともに英語の文に不可欠なものです。たとえば、「昨日、君のお父さんとお話をしたよ」という具合に、日本語では主語が明示されないことが多いのですが、英語の文では以下のように主語を明示しなければなりません。

　I talked with your father yesterday.

　　＊ただし、命令文では、主語（you）を省略するのが普通です。
　Hurry up!
　（急ぎなさい！）
　Please remember me to your parents.
　（ご両親によろしくお伝えください。）
　Don't count me in.
　（わたしを勘定に入れないで。）

Q1 適切な主語を入れてください。

① 朝から雨が降り続いている。
　　[　] has been raining since this morning.
② ブラジルではポルトガル語を話します。
　　[　] speak Portuguese in Brazil.
③ 現在9時です。
　　[　] is nine o'clock now.
④ どんどん暗くなってくる。
　　[　] is getting darker and darker.
⑤ その知らせを聞いて彼は幸せだった。
　　The [　] made him happy.

3 主語となりうるもの

主語の機能を担いうるものには、**名詞・代名詞**のほかに、**動名詞・不定詞・名詞節**など、名詞に相当する語句があります。

　Seeing is believing.
　（見ることは信じること。すなわち「百聞は一見にしかず」。）
　［動名詞］

Q1 Answer

① It
［覚えているでしょうか。天候のitと呼ばれています。例）It snows. / It is windy. 寒暖・季節・距離・時間・状況・明暗などの表現でもitを使います。］

② They
［ブラジル人自身の発言ならWe、目の前のブラジル人に対しての発言ならYouもありえます。］

③ It
［①でいう「時間」のitです。］

④ It
［①でいう「明暗」のitです。］

⑤ news
［その知らせが彼を幸福な気分にした、ということです。いわゆる「無生物主語」の文です。］

皆さんもよくご存知のことわざです。主語の "seeing" が**動名詞**ですね。述部の "believing" も動名詞です。

次は**不定詞**が主語の例です。

　To run a marathon was Amelia's greatest dream.
　（マラソンを走ることがアミーリアの最大の夢だった。）
　　［不定詞］

名詞節を主語とする文もひとつ挙げておきます。

　Whether or not they go to Bali this summer depends on the cost.
　（この夏に彼らがバリに行くか行かないかは旅費次第だ。）
　　［名詞節］

4 主語と動詞の一致

ドイツ語もフランス語もそうですが、主語の**人称・数**によって動詞の形（語尾）を変化させます。英語の場合は、ドイツ語・フランス語ほど厄介ではありません。いわゆる**3単現**（**3人称・単数・現在**）の **-s** にさえ気を付ければよいのです。

　The small town boasts the highest number of tourists in the area.

先ほどのこの文では、主語 town が 3 人称・単数ですから、動詞 boast は boast**s** となるのですね。動名詞・不定詞・名詞節が主語の場合は、1 つの観念を表すので、やはり 3 人称単数扱いです。また時制が過去なら、動詞の過去形を使いますが、人称による変化はありません。boast なら boast**ed** 　1 つでよいのです。ただし、**be 動詞**は例外です（次ページの表を参照）。現在でも過去でも、1 人称および 3 人称の単数には要注意です。

人称	時制 現在	時制 過去	人称	時制 現在	時制 過去
1人称単数：I	am	was	1人称複数：we	am	was
2人称単数：you	am	were	2人称複数：you	am	were
3人称単数：he/she/it	is	was	3人称複数：they	am	were

もし覚束ないなと思ったら、ここでしっかりと記憶してしまってください。

Q2　[　]内の動詞を正しい形にしてください。

① 彼女は頭痛持ちだ。
　 She [have] a chronic headache.
② 彼は生徒にフランス語を教えている。
　 He [teach] French to his students.
③ 警察は彼女が偽証していると疑っている。
　 The police [suspect] her of giving false evidence.
④ このタイプの土壌は稲の育ちが最も良い。
　 Rice [do] best in soil of this type.
⑤ この分野における最良の研究者の1人が酒井教授だ。
　 Among the best researchers in this field [be] Professor Sakai.
⑥ このレストランではさまざまな種類のタイ料理が食べられます。
　 A variety of Thai dishes [be] available in this restaurant.
⑦ 都会を離れる人の数がますます増加しつつある。
　 An increasing number of people [be] leaving the cities.

5 目的語・補語

　述部の中心は**動詞（述語動詞）**でしたが、動詞とともに述部を構成する主要素に、**目的語**と**補語**があります。

❶ 目的語

目的語とは動詞が示す動作や行為の対象となる語句です。

The small town boasts the highest <u>number</u> of tourists in the area.

すでに触れましたが、この文の目的語は number です。
　目的語となるのは、主語と同様、**名詞・代名詞または名詞に相当する語句**です。

I would like <u>some coffee</u>. ［名詞］
I would like <u>to drink some coffee</u>. ［不定詞］
I would like <u>drinking some coffee</u>. ［動名詞］

微妙なニュアンスの違いは別にして、3文とも「コーヒーをいただきたい」といった意味になります。次は、名詞節が目的語となっている例です。

I don't know <u>why they made such an awful mistake</u>. ［名詞節］
（なぜ彼らがあんなにひどい間違いを犯したのか、私はわからない。）

Q2　Answer

① has
　［have の3人称・単数形は has です。「頭痛持ち」というのだから、この人の頭痛は「慢性の」（chronic）ものですね。］
② teaches
　［語尾が -es となることに注意。【参照】reach → reaches など。］
③ suspect
　［police は複数扱いなので、-s は不要です。］
④ does
　［rice は単数扱いです。3・単・現の語尾 -es に注意です。【参照】go → goes］
⑤ is
　［倒置文です。主語は Professor Sakai ですから、動詞は3・単・現の形になります。］
⑥ is
　［variety が主語で、単数扱いです。］
⑦ are
　［a number of ～（～の数）は、～の部分に複数名詞を伴い、複数として扱われます。］

❷ 補語

　補語とは、ある種の文に不可欠な要素として、主語あるいは目的語を補う役割をもつものです。主語を補うものを**主格補語**、目的語を補うものを**目的格補語**と呼びます。名詞・代名詞および名詞相当語句、さらに形容詞などが補語となります。

　まずは、**主格補語**の例です。

　　Each <u>cat</u> is <u>different</u> from every other cat.
　　（どのネコも他のあらゆるネコと異なる＝2匹として同じネコはいない。）

Each cat is では、文として不完全です。形容詞（different）を（主格）補語として加えることで、初めて完全な文になったのです。主語 cat ＝補語 different という関係になっているわけです。

　次は**目的格補語**です。

　　Why did our boss appoint <u>him</u> <u>manager</u>?
　　（なぜ社長は彼を支配人に任命したのか？）

目的語 him ＝補語 manager という関係です。

1-2　動詞と文型

　上に見てきたように、英語の文（センテンス）を成立させる基本要素には、**主語（S）・動詞（V）・目的語（O）・補語（C）**があります。そして、これらを組み合わせてできる文型は、**SV・SVC・SVO・SVOO・SVOC**の5つです。いわゆる**5文型**ですね。例外は少々ありますが、すべての英語の文は、これら5つの型のどれかに当てはまるといってよいのです。

　① He jogs every day.　**SV**

(彼は毎日ジョギングをする。)

② She became a doctor.　**SVC**

(彼女は医者になった。)

③ The little boy caught a dragonfly.　**SVO**

(小さな男の子がトンボを捕まえた。)

④ Aunt Susie gave me chocolate.　**SVOO**

(スージー叔母さんはチョコをくれたよ。)

⑤ They called their daughter Charlotte.　**SVOC**

(彼らは娘をシャーロットと名付けた。)

上記の①～⑤の文について簡単に解説をします。

① 動詞 jog は**目的語**を<u>取りません</u>。このタイプの動詞を**自動詞**と呼びます。自動詞には**補語**を取るものと、取らないものとがあって、前者を**不完全自動詞**、後者を**完全自動詞**と分類します。jog は目的語も補語も取らないので、完全自動詞です。every day は**修飾語句**（**M**）で、文の成立にとって不可欠なものではありません。

② became（← become）は自動詞ですが、**補語 C**（doctor）を<u>必要とし</u>ますので、不完全自動詞です。**主語 S** と **補語 C** との関係は **S=C** として表わしうるものです。be 動詞や become などの不完全自動詞は、**S** と **C** とを繋ぐという意味で、**連結動詞**（Link Verb）とも呼ばれます。

③ caught（← catch）は**他動詞**です。**目的語 O**（dragonfly）が必要です。

④ gave（← give）は**他動詞**ですが、与えるという意味で使うときは、**間接目的語 O**（me）と**直接目的語 O**（chocolate）という、2つの目的語を取ります。me ≠ chocolate ですから、**SVOC** とは異なることがわかります。

⑤ called（← call）も**他動詞**です。**目的語 O** の後に**目的格補語 C** が置かれています。**O**（daughter）= **C**（Charlotte）という関係から、「O を C と呼ぶ」という意味になります。**C**（Charlotte）を外してしまうと、全く違った意味の文になってしまいます。They called their daughter

(SVO) は、ふつう「娘に電話した」という意味です。

1 5文型＋3文型

さて、次の2つの文を比べてください。

(ア) The little boy caught a dragonfly <u>in the garden</u>.
　　　（小さな男の子が庭でトンボを捕まえた。）
(イ) He put the pen <u>on the desk</u>.
　　　（かれはペンを机の上に置いた。）

どちらもSVO型の文です。間違いありません。しかし、下線部に注目してみると、どうでしょう。(ア) の <u>in the garden</u> は修飾語句（M）で、文を成立させるうえでは必ずしも必要ではありません。The little boy caught a dragonfly というだけで、「トンボを捕まえる」という1つの行為が完結します。それでは、(イ) の <u>on the desk</u> はどうでしょうか？　この副詞語句を取り外した He put the pen という形は、完成された文とはいえません（非文）。He put the pen <u>on the desk</u> とか、He put the pen <u>in the briefcase</u> といった具合に、ペンを置く、あるいは入れる場所を示さないと、ペンを"put"する行為は完結しないのです。

　そこで、(イ) のタイプの文については、新たな文要素 **A** を加え、**SVOA** として扱いたいと思います。文要素 **A** は、文を成立させるために義務的に要求される**副詞語句**を意味します。また、SV と SVC にも **A** を要求するタイプの文があるので、**SVA** と **SVCA** という文型も加え、合わせて8つの文型（以下❶～❽）について見ていくことにします。そうすることによって、英語の文型がより合理的に理解・把握されることになるでしょう。

　注）8文型についての記述に関しては、安藤貞雄『英語の文型—文型がわかれば、英語がわかる』（2008年、開拓社）に多くを負っています。

2 8つの文型：例文と問題

❶ SV型　完全自動詞の文。（　）内は修飾語句（M）です。

Time flies (like an arrow).
（光陰矢のごとし。）

The moon rose (over the woods).
（月が（森の上に）昇った。）

His mother stayed up (all night).
（彼の母は（一晩中）起きていた。）

　［stay up のように自動詞＋副詞構造をもつ句動詞（phrasal verb）もSV型。］

It has been snowing (since this morning).
（今朝から雪が降り続いている。）

　［現在完了進行形の文です。］

Q3　主語／動詞（句動詞）／修飾語句を組み合わせて、SV型の文を作ってください。

① father / cook / often
② fire / burn / fiercely
③ sun / rise / in the east
④ water / freeze / at 0℃
⑤ car / break down / on the way

Q3 Answer

① **My father often cooks / cooked.**（わたしの父はよく台所に立ちます／立ちました。）
② **The fire is / was burning fiercely.**（火は激しく燃えている／いた。）**The fire burned fiercely.**（火は激しく燃えた。）
③ **The sun rises in the east.**（太陽は東から昇る。）
④ **Water freezes at 0℃.**（水はセ氏0度で凍る。）
　［0℃は zero degrees Celsius/Centigrade と読みます。］
⑤ **Her car broke down on the way.**（途中で彼女の車が故障した。）

❷ **SVA型**　SV型の自動詞が義務的に副詞語句(A)を伴う場合の文。

Bill's house is near the park.
（ビルの家は公園の近くにある。）
　[Bill's house is は文とはいえません。下線部があって初めて完全な文となります。"Whose house is near the park?" という疑問文に対して、"Bill's [house] is." という答えは可能ですが、これは "near the park" **という旧情報の省略**に過ぎないわけです。]

Toshiya lives in Tokyo.
（敏也は東京に住んでいる。）

A talent for music runs in his family.
（音楽の才は彼の一家の血筋だ。）

She is slowly recovering from the shock of his death.
（彼女は彼の死の衝撃からゆっくりと回復しつつある。）

Q4　英訳してください。

① その老人は小さな家に暮らしている。
② 稲城市は多摩川沿いにある。[be動詞を使って。「沿いに」は前置詞 on を使う。]
③ 最後の会合は午後7時からだ。[be動詞を使って。]
④ このクラスは13名の男子学生と11名の女子学生から成る。[consist を使って。]
⑤ 私たちが行けるのかどうかは、天候次第です。[depend を使って。〜か否か：whether or not]

❸ **SVC 型**　be 動詞を代表とする連結動詞によって作られる文。

My father is 78 years old.（父は 78 歳です。）
The wind became stronger.（風が強まった。）
The leaves of this tree turn red in autumn.（この木は秋に紅葉する。）
The two brothers look alike.（その 2 人の兄弟は見た目がよく似ている。）
This wine tastes sweet.（このワインは甘い味がする。）
　[最後の 2 文は五感に関する表現です。ほかに sound（聴覚）、feel（触覚）、smell（嗅覚）などの動詞があり、同じ文型を取ります。
【例】The cloth felt smooth.（その布地は滑らかだった。）]

Q5　英訳してください。

① 人も馬も象も鯨も哺乳動物だが、鳥、魚、ワニはそうではない。[哺乳動物：mammal]
② 私の趣味はスキューバダイビングです。[スキューバダイビング：scuba diving]
③ 6 時間の運転の後で、彼女は大変に疲れて見えた。[look を使って。6 時間の運転：six hours of driving]
④ 日毎に暖かくなっています。[get を使って。]
⑤ 彼はその後ずっと独身を通した。[動詞 remain を使って。独身（の）：single, unmarried。その後ずっと：for the rest of one's life]

Q4 Answer

① The old man lives in a small house.
② Inagi City is on the Tama River.
③ The last meeting is at 7 p.m.
④ This class consists of 13 male and 11 female students.
　[～から成る：consist of として記憶しておくことです。]
⑤ Whether or not we can go depends on the weather.
　[これも depend on：～に依存する、～次第である、という形で記憶してください。]

❹ **SVCA型**　SVCの補語Cが義務的に前置詞句やthat節[A]を伴うもの。

Are you familiar with this area of Tokyo?
（東京のこの辺りはお詳しいのですか？）

　［Are you familiar? では文として不完全です。下線部を伴って初めて完全な文となります。be familiar with *something*（～に詳しい）という表現をそのまま記憶してください。この文をひっくり返して、Is this area of Tokyo familiar to you? も可。ものが主語の時は be familiar to *someone* です。］

My daughter is afraid of dogs.
（娘は犬を怖がります。）

　［be afraid of ～（～を恐れる）という形で覚えておくことです。］

She was very ashamed of her husband's behavior at the party.
（彼女はパーティーでの夫の振る舞いをとても恥じた。）

　［be ashamed of ～（～を恥じる）］

I am sure [that] she will pass the exam.
（きっと彼女は試験に通るでしょう。）

　［上の afraid, ashamed も that 節を取ります。他に certain, convinced, glad, delighted など多数が that 節を取ります。］

Q5 Answer

① Humans, horses, elephants, and whales are mammals, but birds, fish and crocodiles are not.
　［最後の not の後にはもちろん mammals が省略されています。］
② My hobby is scuba diving.
③ She looked very tired after six hours of driving.
④ It is getting warmer day by day.
⑤ He remained single for the rest of his life.

基礎英文法編 Chap.1

Q6　英訳してください。

① 彼のことがとても好きです。［fond を使って。前置詞が必要です。知らなければ辞書で調べてみてください］
② 彼はそうした危険性にその時気づいていた。［aware を使って。前置詞は何でしょうか？］
③ 君は数学が得意ではなかったっけ？［good を使って。前置詞は何でしょうか？］
④ 恵子はまた試験に落ちるのではないかと恐れている。［afraid と that 節を使って。試験に落ちる：fail (in) the exam］
⑤ 彼女はパーティーが成功したことを喜んだ。［glad を使って。］

❺ SVO 型　他動詞とその目的語によって作られる文で、英語ではもっとも好まれる文型。

She has blond hair and green eyes.
（彼女は、髪はブロンド、瞳は碧色だ。）
My father doesn't believe me.
（父はぼくのいうことを信じない。）
　［人の言葉を信用しない、ということ。They believe in God. (SVA) は、神の存在を信じる、という意味。］
He quickly recovered his health.
（彼は速やかに健康を回復した。）
　［比較してください。He is slowly recovering from the flue. (SVA)］

Q6 Answer

① I am very fond of him.
② He was aware of the risks at the time.
③ You were good at mathematics, weren't you?
④ Keiko is afraid that she may fail in the exam again.
⑤ She was glad that the party was a success.

The French foreign minister made a speech of welcome.
（フランスの外相が歓迎のスピーチを行った。）

We enjoyed shopping.
（買い物を楽しみました。）

We enjoyed ourselves very much yesterday.
（昨日はとても楽しく過ごした。）

　　［enjoy は他動詞なので目的語が必要です。目的語として再帰代名詞（～自身という意味）を使うことで自動詞的な表現となります。
　　【参照】content oneself「自分自身を満足させる」→「満足する」］

Q7　英訳してください。

① 彼、奥さんとまた喧嘩したんだ。［喧嘩（口論）：argument。使う動詞が思いつかなかったら、辞書で argument を引いてみましょう。have an argument という表現が見つかるはずです。］
② その年寄りたちがいまだにこの国を動かしている。［動かす：run］
③ 彼は話題を変えた。［話題：subject］
④ 彼女は彼の忠告をまじめに受け入れた。［忠告：advice。動詞は何を使うのでしょうか？　辞書で advice を引いてみましょう。］
⑤ 薬がすぐに効き始めた。［効く：work］

❻ SVOA型　基本的には SVO ですが、副詞語句(A)が補われて完成する型の文です。

He put his iPhone in the back pocket of his trousers.

Q7 Answer

① He had an argument with his wife again.
② The old men are still running this country.
　［他動詞としての run の用法の1つです。］
　辞書で確認しておきましょう。］
③ He changed the subject.
④ She took his advice seriously.
　［take one's advice が見つかりましたか？］
⑤ The medicine soon began to work.

（彼はアイフォンをズボンの後ろポケットに入れた。）

She hung a picture on the wall.
（彼女は壁に1枚の絵を掛けた。）

She gave the bird to me.
（彼女はその小鳥を私にくれた。）
　［彼女が鳥を与える相手（私）に焦点が結ばれて、この文は完成するのです。She gave me the bird. という **SVOO** 型の文に書き換えられますが、焦点は the bird に移ります。］

We offered the job to Robin.
（私たちはその仕事をロビンにオファーした。）
　［**offer** は **give** と同じタイプの動詞で、この文も We offered Robin the job. と **SVOO** 型に変換可能です。］

Cathy bought a pair of shoes for her daughter.
（キャッシーは娘のために靴を買ってやった。）
　［**buy** も **give** 型の動詞です。**SVOO** にすれば、Cathy bought her daughter a pair of shoes. となります。**SVOA** の**副詞語句 A** で使われる前置詞が to ではなく **for** となることに注意です。］

Your voice reminds me of your father.
（君の声を聞くと、君のお父さんを思い出すよ。）
　［remind O of (about) 〜で、「O に〜を想起させる」。］

❼ **SVOO 型**

The maid brought me a cup of coffee.
（メイドがコーヒーを運んできた。）

［The maid brought a cup of coffee to me. のように **SVOA** の文型で書き換えることができます。この場合には、**A** の位置を占める to me に焦点が移ります。他の誰かではなく、私のところに運んできたのですね。bring の場合には、for me との組み合わせも可能です。The maid brought a cup of coffee *for me*. 私のために運んできてくれたのです。］

She cooked me an omelet.
（彼女は僕にオムレツを作ってくれた。）
　　［She cooked an omelet for me. のように **SVOA** 型の文に書き換えられます。もちろん、for me に焦点が来ます。彼女は僕のためにオムレツを焼いてくれた、のですね。］

You still owe me 1500 yen.
（君は僕にまだ1500円の借りがある。）
　　［これも You still owe 1500 yen to me. と言い換え可能です。金の貸し手はぼくだということを、再確認したいときに使いそうな言い方です。］

He gave her a momentary look.
（彼は彼女をチラッと見た。）
　　［彼女に瞬時の眼差し（a momentary look）を与えた。もちろん、to her も可能です。］

He showed me how to use this camera.
（彼は私にこのカメラの使い方を教えてくれた。）
　　［直接目的語が疑問詞＋**to 不定詞**となっています。］

Q8 英訳してください。

① 私はあなたに 1 銭の借りもない。[SVOO で。]
② 彼女は娘に可愛い人形を買ってやった。[SVOO と SVOA で。]
③ あなたに素敵なネクタイを見つけてあげるわ。[find を使って。SVOO と SVOA で。]
④ ちょっとしたお願いがあるのですが。[ask を使って。お願い：favor。may I で始めてください。]
⑤ 駅までの道をお教えいただけませんか。[tell と how to 不定詞を使って。could you で始めてください。]
⑥ 彼女はコートをコート掛けに掛けた。[put を使って。コート掛け：hook]
⑦ 彼は両手をポケットに突っ込んだ。[put を使って。]
⑧ ガールフレンドを両親に紹介した。
⑨ ジョージは幼い娘を動物園に連れて行った。[take を使って。]

❽ SVOC 型　C の位置には、名詞・代名詞・形容詞・不定詞などが来ます。

They called the baby Davie.

Q8 Answer

① **I don't owe you any money.**
[not と any で全否定を表します。もちろん、I don't owe any money to you. SVOA も可能です。「あなたには借りはない」けれど、他の人にはあるのかもしれません。]

② **She bought her daughter a pretty doll.**　SVOO
She bought a pretty doll for her daughter.　SVOA

③ **I'll find you a nice tie.**　SVOO
I'll find a nice tie for you.　SVOA
[find は buy 型です。]

④ **May I ask you a small favor?**
[SVOA にすると、May I ask a small favor of you? となります。A の部分の of に注意です。Would you do me a favor? という言い方もありました。SVOO 型です。]

⑤ **Could you tell me how to get to the station?**
[tell だと言葉で教える。show だと「示して見せる」→「案内する」といった意味になります。]

⑥ **She put her coat on a hook.**
[動詞は hung (hang の過去形！) でも可。]

⑦ **He put his hands in his pockets.**
⑧ **I introduced my girlfriend to my parents.**
⑨ **George took his small daughter to the zoo.**

(彼らはその赤ん坊をデイヴィと呼んだ。)
　　［O (baby) = C (Davie) です。call, name, elect, appoint などの動詞では、C は名詞（句）になります。］

We elected Mrs. Pearce chairperson.
(われわれはミセス・ピアスを議長に選出した。)
　　［ちなみに、chairman という言い方は好まれなくなってきました。chairperson か chair を使う人が増えています。］

He left the door open.
(彼はドアを開けっ放しにしておいた。)
　　［open は形容詞です。］

The movie has made this remote village very popular among tourists.
(その映画のおかげで、この辺鄙な村はいまや観光客に大人気だ。)
　　［映画が村を大人気にした、ということです。］

She asked him to get some milk on his way home.
(帰宅途中に牛乳を買ってきてください、と彼女は彼に頼んだ。)
　　［不定詞 to get some milk... が C です。］

I found it very hard to keep up with them.
(遅れずに彼らについていくのはとても大変だった。)
　　［it は仮の目的語で、真の目的語は to keep up... です。］

(ア) I saw Tom leave early this morning.
　　　(今朝早くトムが出かけるのを見ました。)
　　［leave early this morning が C です。leave は動詞の原型＝原型不定詞です。see, watch, notice, hear, listen to などの**知覚動詞が目的語＋原**

型不定詞という文型をつくります。また、Ｃの位置に現在分詞が使われる場合があります。つまり、(イ) I saw Tom leaving early this morning. という形です。(ア)の場合には、トムの「出かける」という行動を始めから終わりまで見届けたというニュアンスがあります。(イ)の場合には、トムの行動の途中に遭遇したといった感じでしょうか。］

Anticipation made his heart beat faster.
（期待で彼の胸は早鐘を打ち始めた。）
　［期待が彼の心臓をいっそう速く打たせた、ということです。make, let, have などの**使役動詞も目的語＋原型不定詞**のかたちを取ります。］

Q9　英訳してください。

① 社長はアイリーンを秘書に任命した。［appoint を使って。アイリーン：Eileen。秘書：secretary］
② 彼女がこの歌を歌うのを聞いた。［知覚動詞 hear を使います。］
③ この本は私が相対性理論を理解するのに役立った。［**help O C**（＝不定詞）です。相対性理論：the theory of relativity］
④ 彼の冗談を聞いて私は笑った。［make を使って。］
⑤ 髪を刈ってもらおう。［have one's hair cut という形です。］

Q9 Answer

① The president appointed Eileen secretary.
② I heard her sing this song.
③ This book helped me (to) understand the theory of relativity.
　［help の場合には、**C** は **to 不定詞**でも**原型不定詞**でもどちらでも可です。イギリス英語で **to 不定詞**を使うことが多いようです。］
④ His joke made me laugh.
　［彼の冗談が私を笑わせた、ということ。］
⑤ I'll have my hair cut.
　［Ｃの cut は**過去分詞**で、受け身を表します。Ｏの my hair は刈られる（cut）わけですね。例）He had his wallet stolen in the train. 彼は汽車の中でサイフを盗まれた。］

これで、8つの文型の紹介は終わりです。ほとんどの文はこの8つの文型のどれかに当てはまるはずですが、もちろん例外はあります。重要なものとしては、**存在文**がそうです。

3 存在文 [there is / are 構文]

　読んで字のごとしで、「存在」を問題にした文型です。文頭に **there** を置いて、その後に普通 **be** 動詞、次に名詞の順で続けます。まず、例を挙げてみましょう。

　　（ア）There is an apple in the basket.
　　　　（籠の中にはリンゴがあります。）

籠の中にリンゴというものが1つ「在る」ということを言っています。an apple というように不定冠詞（an）が付いているということは、不特定の、ある1つのリンゴということです。とにかく、リンゴというものが「在る」ことを言いたいのです。

　　×An apple is in the basket.

は間違いです。特定のリンゴが籠にある場合に、定冠詞 the や指示詞 that を apple の前に付けて、

　　（イ）The apple is in the basket.
　　　　（そのリンゴは籠の中にある。）

とするのは正解です。また、次のような文も存在文ではありませんね。

　　Here are the monkeys, <u>there are the big cats</u>, and in that building are the alligators and crocodiles.

（こちらはサルの仲間、あちらには大型のネコの仲間、そしてあの建物にはワニの仲間がいます。）

there は場所を示していて、名詞 big cats にも定冠詞がついていますから、上の（イ）と同じタイプの文です（なお、この文の there は存在文の there よりも強く発音されます）。存在文の there は「そこ」というような場所を示すわけではないのです。諸説ありますが、それ自体に意味はなく、形式的に文頭に置かれるものと考えてください。there の後には、普通は **be** 動詞ですが、exist や live などの自動詞が置かれることもあります。

There is nothing new under the sun.
（日の下には新しきものあらざるなり。）
　［『旧約聖書』にある言葉です。new という形容詞は nothing を修飾しています。【例】something hot（何か熱いもの）］

Once upon a time, there was a rich man who had a beautiful and pious wife.
（昔々、美しくて敬虔な妻をもったお金持ちがいました。）
　［昔話の出だしです。］

There now exist various views on the subject.
（その問題についてはいまさまざまな見方がある。）

There seems to be something fragile in this box.
（この箱の中身は壊れ物のようだ。）
　［seem は SVC 型の文を作ります。He runs fast. → He seems to run fast. と補語は to 不定詞です（ただし、補語が形容詞の場合は、The box is heavy. → This box seems (to be) heavy. と、to 不定詞は省略されることが多い）。

There is something fragile in this box. を seem を使って書き換えると上の文になります。存在を表す to be は省略できません。なお、It seems that there is something fragile in this box. も可です。]

Q10 英訳してください。

① 机の上に、1本のペンと1冊の本がある。
② 選択肢はたった1つだ。［選択肢：option］
③ 公園にはかなり大勢の人がいた。
④ かつてこの丘の上には小さなチャペルがあった。［かつて～だった：used to be］

これで文法編は半分終了です。前半は、動詞を中心にした文要素間の水平的関係 syntax について見てきました。ここから後半は、**時制・法・準動詞・話法**などの変化を中心に見ていきます。1つの文が、動詞を変化させることで、過去になる、未来になる、または受動態になるといった、いわば垂直方向の変化です。

Q10 Answer

① There are a pen and a book on the desk.
　［1本のペンと1冊の本で複数ですから be 動詞は are です。］
② There is only one option.
③ There were quite a few people in the park.
④ There used to be a small chapel on this hill.
　［a few ～の前に quite を置くと、「たくさんの数の」という意味になります。There were a good many / lots of people... でも、もちろん結構です。］

Section 2 動詞変化を中心に

2-1 単純現在・単純過去・単純未来

この3つが英語の基本的な時制です。それぞれ動詞の現在形・過去形・未来形を使い、それぞれの時における動作・状態・事実などを表す形式です。

［単純現在］He studies physics.　動詞の現在形
［単純過去］He studied physics.　動詞の過去形
［単純未来］He will study physics.　助動詞 will ＋動詞の原型

動詞そのものを変化させて表すのは、単純現在と単純過去だけです。遠い昔、英語（正確には、英語の祖先ですね）には現在と過去の2つの時制しかなかったようです。そのうち、意志を意味する will を助動詞に使うことで、未来という時制が確立してきます。社会関係などが次第に複雑になってきたことが背景にあるのでしょう。環境の変化に応じて、英語も進化してきたわけです。しかし、英語がどれほど変わろうと、現在と過去が英語の時制の中心です。

1 単純現在

現在時制が表す基本的な意味には、つぎのようなものがあります。

❶ 現在の状態や性質

I have a terrible headache.
（酷い頭痛がする。）
The Grays live in a large mansion.
（グレイ一家は大きなお屋敷に暮らしている。）
His daughter is 14 years old.
（彼の娘は14歳だ。）

She is always kind to others.
（彼女はいつも他人にやさしい。）

❷ 現在の反復的出来事や習慣的動作

My father reads for an hour before going to bed.
（父は就寝前に1時間ほど読書をする。）
An earthquake often strikes this area.
（この地域には地震が頻繁に起こる。）

❸ 真理や社会通念

Light travels faster than sound.
（光は音より速く伝わる。）
Money talks.
（金がものを言う。）

❹ 未来や過去の代用

We arrive in Edinburgh at 15:00 tomorrow.
（明日15時にエディンバラに到着します。）
　　［時刻表・旅のスケジュールなど、確実な予定を言うとき。］

I'll tell you the truth when I see you on Friday.
（金曜に会った時に、本当のことを話すよ。）
　　［時や条件を表す**副詞節**において。未来の代用というより、これが正用法なのです。when I will see…とはしないでください。
　　I don't know when she *will* arrive.（彼女が何時に到着するのかを知らない。）この場合は、下線部は**名詞節**で、knowの目的語になります。］

It was snowing when I left Toronto. But on Magnetic Island the tem-

perature is sweltering, in the 30s Celsius. It is Easter weekend....
（トロントを発つときは、雪が降っていた。しかしマグネティック島は、セ氏30度台のうだるような気温。時はイースターの週末で……。）

［歴史的現在を表します。書き出しは単純過去で始まります。次の文からは単純現在に変わっています。物語などで、読者に臨場感を与えるために使われます。］

Q11　英訳してください。

① 母は毎朝5時に起床して、家族の朝食を作ります。［朝食を作る：prepare breakfast］
② ゴミを出す前に、彼女は急いで食器を洗います。［ゴミを出す：put out the garbage。急いで：hurriedly, in a rush］
③ 父は東京のコンピュータ関係の会社に勤めています。［〜に勤める：work for］
④ 父と私は週末にはよく川に釣りに行きます。

2 単純過去

基本的には過去のある時点における動作・状態・出来事などを表します。

❶ 過去の動作・状態・出来事

Joe jumped over the fence.
（ジョーは塀を飛び越えた。）

Q11 Answer

① My mother gets up at five o'clock every morning and prepares breakfast for her family.
② She washes the dishes in a rush before putting out / she puts out the garbage.
③ My father works for a computer company in Tokyo.
④ My father and I often go fishing in the river on the weekends.

I began to take piano lessons when I was four years old.
(ぼくは4歳のとき、ピアノを習い始めた。)

She was very tired after eight long hours of driving.
(8時間もの長時間運転で、彼女はとても疲れていた。)

Black Death reached England in 1349 and killed between one third and one half of the population in a matter of months.
(黒死病は1349年にイングランドに到達し、数か月のうちに、人口の3分の1から半数の人々の命を奪った。)

❷ 過去の習慣

My father often drank a small glass of whisky before going to bed.
(父はしばしば就寝前に少量のウィスキーを飲んだ。)

❸ 過去完了の代用

They heard a loud explosion just before they left the building.
(そのビルを出る直前に、彼らは大きな爆発音を聞いた。)
　［before以下の従属節と主節の時間的順序を考えれば、主節はThey had heard... と、過去完了であるべきところですが、beforeという接続詞だけで時間的順序は明らかですから、主節も単純過去で大丈夫なのです。］

Q12 英訳してください。

① 私たちが横浜郊外の小さな庭付きの一戸建てに越すと、すぐに母はガーデニングを始めた。［郊外の：in the suburbs of ～。（趣味を）始める：take up］
② 私たちは1980年代に3年間ほどロンドンに暮らした。
③ 妹はイギリスの食べ物には馴染めなかった。［馴染む→慣れる：get used to ～］
④ 母は御殿場に暮らしている間に、3回富士山に登った。

3 単純未来

基本的には、助動詞willを使います。しかし同じwill＋動詞の原型というかたちでも、**単純未来**と**意志未来**の区別があります。

❶ 単純未来

I will reach the age limit and retire this March.
（私はこの3月で定年退職する。）
　［定年退職ですから、私（自分）の意志とは無関係にやって来ます。］

The drug will soon begin to work.
（薬はすぐに効き始めます。）
They will leave Tokyo for London at 9 p.m. tomorrow.
（彼らは明日午後9時に東京を発ってロンドンに向かう。）

Q12 Answer

① My mother took up gardening soon after we moved into a house with a small garden in the suburbs of Yokohama.
② We lived in London for three years in the 1980s.
③ My sister never got used to English food.
④ My mother climbed Mt. Fuji three times while (she was) living in Gotenba.

❷ 意志未来

I'll show you how to cook these prawns.
(このクルマエビの調理法を教えよう。)
[will は前もって考えていなかった意図を表します。意図を表すということの性格上、通常1人称との組み合わせになります。]

She is going to visit her uncle in Scotland this summer.
(彼女はこの夏にスコットランドに叔父を訪ねるつもりだ。)
[be going to ～を使えば、前もって考えられていた意図を表せます。]

* **shall** について：単純未来・意志未来で shall が用いられることは、現在ではあまりありません。shall がもっとも使われるのは、**相手の意志を尋ねる**場合です。

Shall I close the window?
(窓を閉めましょうか？)

Shall we talk about something different now?
(話題を変えましょうか？)

* **be going to ～** について：意志未来の他に、兆候に基づいた**予測**を表すことがあります。

Look at those clouds. It's going to rain.
(あの雲をご覧。雨になるよ。)

will や shall は未来を表すばかりではありません。助動詞として、他にもさまざまな用法がありますが、それらは法助動詞のところで扱います。

また、**現在進行形**も未来を表すことがあり、**準備された未来**という意味が含意されます。be going to ～とは異なり、意志未来ではありません。

She is visiting her uncle in Scotland this summer.
(彼女はこの夏にスコットランドの叔父を訪ねる予定だ。)

［すでに出発日も決まっていて、チケットの手配も済んでいるような状態なのかもしれません。現在進行形のこの用法は、ときに「近接未来」を表すと説明されることがありますが、近い・遠いは主観の問題です。ポイントは準備された未来というところにあります。］

Q13 英訳してください。

① 駅まで車で送ろう。
② 彼を説得するのは難しいでしょう。［＝あなたは彼を説得することが難しいとわかるでしょう。述語動詞はfindです。仮の目的語itを使って、SVOCで表してください。説得する：persuade］
③ 彼女は弁護士に相談するつもりだ。
④ 息子は3月で18歳になる。

2-2 完了形

現在・過去・未来という3つの時制には、それぞれ完了形があります。中学英語で最初につまずくのは、このあたりかもしれません。少し厄介です。
　まず、**現在完了**から説明します。現在完了がわかれば、**過去完了**も**未来完了**も難しいことはありません。

1 現在完了：have [has] ＋過去分詞

かたちは単純です。haveの現在形に過去分詞を接続すればよいのです。haveは現在形ですから、**時制は現在**です。**過去分詞**は文字通り**過去**、過ぎ

Q13 Answer

① I'll drive you to the station.
② You will find it difficult to persuade him.
③ She is going to consult her lawyer.
④ My son will be 18 in March.

去ったことを意味します。つまり、現在完了の基本は、**過去との関連において現在をとらえる**ことなのです。あくまでも現在を問題としているということです。次の2つの文を比べてください。

（ア）He gave up smoking three months ago.
　　（彼は3か月前にタバコをやめた。）
（イ）He has already given up smoking.
　　（彼はすでにタバコをやめている。）

さて、（ア）の過去形の文は、3か月前の時点で彼がタバコをやめるという行動を取ったことを、単なる過去の事実として述べています。その行動の結果として、現在の彼がどうなっているのかは、この文からだけでは判断することはできません。それに対して、（イ）の文は、彼はある時タバコをやめて、現在は吸っていないということを言っているのです。やめたのは3か月前かもしれないし、3日前かもしれないが、現時点ではやめている、ということなのです。

2 現在完了の用法──完了・結果、継続、経験など

❶ 完了・結果　何らかの行為・行動の完了を表します。その結果として、現在の状態を意味します。

　She has already finished the book I gave her.
　（彼女はぼくがあげた本をもう読み終えてしまった。）
　　［完了の意味を明確化するために、already, yet などの副詞がしばしば使われます。］

　We've run out of gas.
　（ガソリンが切れた。）
　　［何人かで車に乗っています。運転者がこう言いました。さて、困りました。］

Tom has just gone out.
(トムは今しがた出ていきました。)
　［トムはいまここにいない、ということです。実際にトムが「出ていく」という行為が生じたのは、もちろん過去のことです。たとえ5分前であってもです。その行動は、Tom went out five minutes ago. と過去形で表されなければなりません。］

❷ 継続　ある状態が過去から現在に至るまで継続しているという意味です。

She has lived in Yokohama since she was born.
(彼女は生まれたときから横浜に住んでいる。)

We have known each other for more than 30 years.
(私たちが知り合ってから30年あまり経つ。)

"We have been picking the apples since this morning."
(「今朝からずっとリンゴ摘みをしているのです。」)
　［**have ＋ been ＋現在分詞**で**現在完了進行形**になります。行為の継続性が強調されます。リンゴ摘みは朝から始まって、今もなお続いています。「これまでいくつ摘みましたか？（"How many have you picked yet?"）」と結果を尋ねてみましょう。］

❸ 経験　経験とは、過去が現在に生きていることです。

I have never heard her sing.
(彼女が歌うのを一度も聞いたことがありません。)
　［経験を言うときには、ever, never, once (twice...many times), before などの副詞がよく使われます。］

"Have you ever been to Bali?" "Yes, I have. I went there last year."
(「バリ島へ行ったことあるの？」「ええ、あります。去年行きまし

た。」）

［すでに言いましたが、five minutes ago でも last year でも、過去の時点を示す場合には、文は過去形にします。現在完了の文では、過去の時点を表す副詞は使えないのです。×I've been there two years ago / in 2010］

Q14 下記の２つの文で表わされる内容を、現在完了を使って、１つの文にまとめてください。

① We moved into this house in 1958. We still live in this house.
② Jane is here now. She arrived half an hour ago.
③ I visited my uncle in Canada for the first time in 2003. I visited him again two years ago.
④ We started painting the kitchen this morning. We are still painting it.

3 過去完了：had ＋過去分詞

過去完了ですから、時制は過去です。現在完了が現在を過去と関連付けてとらえるのなら、過去完了は過去のある時点を、それ以前の行為・出来事・状態などと関連付けてとらえるのです。現在完了を過去へと移行させて考えればよいのです。

She had already left the office when I called her.

Q14 Answer

① We have lived in this house since 1958.
② Jane has already arrived.
　または
　Jane has been here for half an hour.
③ I have visited my uncle in Canada twice.
④ We have been painting the kitchen since this morning.

34

（電話をしたとき、彼女はすでに会社を出ていた。）

Hardly had he stepped out into the street when a shot rang out.
（彼が通りに出た途端に、一発の銃声が響いた。）
　［直訳すれば、銃声が響いたとき（過去）、彼はまだ通りにほとんど出てはいなかった、となります。hardly, scarcely, neither など否定の意味を持つ副詞が文頭に立つと、このように倒置が起きます。］

4 過去完了の用法──継続、経験など
　完了については、前ページでふれましたので、ここでは継続・経験について例文を挙げておきます。
❶ 継続
She had long been interested in psychoanalysis since she read Freud's *Interpretation of Dreams.*
（フロイトの『夢判断』を読んで以来、彼女は精神分析に興味を持っていた。）
　［彼女が『夢判断』を読んだのは、精神分析に興味を持つ前ですから、過去完了を使うところですが、単純過去で代用します。］

❷ 経験
I had visited my uncle in Sapporo twice before.
（私は札幌の叔父をそれ以前に2度訪ねたことがあった。）

5 未来完了の用法──完了・結果、継続、経験
　未来のある時点とそれ以前に行われた行為・出来事などとを関連付けるものです。

❶ 完了・結果
He will have finished writing the new novel by the end of May.

(彼はその新作小説を5月終わりまでには書き上げているだろう。)

❷ 継続

I'll have been here for six years next April.
(次の4月で6年間ここにいることになる。)

❸ 経験

If I visit Stratford this summer, I will have been there 30 times.
(この夏にストラットフォードに行けば、30回行ったことになる。)

Q15 英訳してください。

① ホテルを出た途端に、雪が降りだした。
② 君が帰るまでに、洗濯は終えているだろう。[洗濯をする：do the washing]

2-3 進行形

　基本的には、ある時点で行為や動作などが進行中であることを表現しますが、すでに見たように、未来を表すこともあります。**be動詞＋現在分詞（〜ing）**の形を取り、すべての時制で使われます。

He is washing his shirt now.
(彼はいまシャツの洗濯の最中です。)
　［現在進行形］

Q15 Answer

① I had hardly left the hotel when it began to snow.
② I'll have done the washing by the time you come back.

She usually drinks wine, but today she is drinking beer.
(彼女は普段はワインなのに、今日はビールを飲んでいる。)
　［単純現在と現在進行形の組合せです。文の前半は習慣的な行動を単純現在で表しています。これと対比させて、but 以下は、今日の彼女の特別な行動を現在進行形で述べているのです。］

A few minutes ago the sun was shining, but now it's raining.
(2、3分前には日が照っていたのに、今は雨が降っている。)
　［過去進行形と現在進行形の組合せです。］

The party was breaking up when she arrived.
(パーティーが終わろうとしているとき、彼女は到着した。)
　［過去進行形です。進行形で表される時間（パーティーが終わりつつある）が線的なものだとすれば、単純過去で表される時間（彼女が到達した）は線の上に置かれた点と言えます。］

Then I'll be expecting you at eight tomorrow.
(では、明日8時にお待ちしています。)
　［未来進行形であり、単純未来を表しています。I'll expect you... だと意志未来になり、相手に8時に来ることを望む感じになります。］

It has been snowing for three days now.
(もう3日間も雪が降り続いている。)
　［現在完了進行形です。3日前から降り始めて、今もしんしんと降り続いているのです。］

They had been wandering in the woods for half a day, when, all of a sudden, a grand castle came in sight.
(彼らが森の中を歩き回って半日ほど経ったころ、突然、立派な城が姿

を現した。)
　　［過去完了進行形です。城が見えた時点（単純過去）で、すでに半日間森をさまよっていたのでした。］

I'll have been living here for five years when April comes.
(4月が来ると、ぼくはここに5年間ずっと暮らしてきたことになる。)
　　［未来完了進行形です。］

Q16　英訳してください。

① スミスさんは普段は青いネクタイなのに、今日は黄色のネクタイを締めている。
② 今朝ちょうど朝食を食べている最中に、誰かがドアをたたく音が聞こえた。
③ 警察はその行方不明の少年を3日間も探し続けている。

2-4　受動態

　基本的には、動作の主体（＝主語）よりも動作の対象（＝目的語）に焦点をあてる場合に、受動態（受け身）が使われます。**be動詞＋過去分詞**という形を取り、すべての時制に対応します。

Is this seat taken?
(この席はふさがっていますか？)

Q16 Answer

① Mr. Smith usually wears a blue tie, but today he is wearing a yellow tie.
② I was just having breakfast this morning when I heard someone knock on the door.
③ The police have been looking for the missing boy for three days now.

［単純現在です。特定の席が空いているか否かが問題なのですから、席への焦点化は当然です。過去分詞は形容詞的な性格を持っていますから、be動詞＋過去分詞とつながる受動態には、<u>動作よりも状態を示す</u>傾向があります。機械的に能動態にしてみます。Does anyone take this seat?（誰かこの席に座りますか）は、席の状態ではなく、（これからの）行為を聞くことになってしまいますから、あまり適切な言い方ではなさそうです。現在完了にして、Has anyone taken this seat yet? なら良いかもしれません【2-2 ②現在完了・❶結果】。］

The child was taken to the hospital by ambulance.
（子どもは救急車で病院に運ばれた。）
　　［単純過去です。「子ども」を焦点化しています。能動態の They took the child to the hospital by ambulance. でも意味は変わりませんが、焦点があいまいになってしまいます。］

I hope she won't be thrown off the horse.
（彼女が馬から振り落とされないと良いが。）
　　［未来を表します。I hope に続く目的節において。won't = will not］

We have been caught in a traffic jam for nearly an hour.
（かれこれ１時間近くも渋滞にはまっている。）
　　［現在完了です。］

1 その他の受動表現
❶ be動詞の代わりになるもの
She is a short-tempered person, and easily gets offended.
（彼女は短気で、すぐに腹を立てる。）
　　［be動詞の代わりに get や become などを使うことで、動作を表します。］

❷ have ＋ O ＋過去分詞

　　I had my hair cut.
　　（髪を切ってもらいました。）
　　　［have ＋ O ＋過去分詞で、「〜される」「〜してもらう」を表し、過去分詞（cut）は目的格補語（C）の位置です。］

　　The theater had its roof blown off during World War Ⅱ.
　　（第２次大戦中に、その劇場は屋根を吹き飛ばされた。）

Q17　受動態に変換してください。

①　The police arrested the burglar.
②　France produces a great deal of wine.
③　My uncle gave me the book.［2通りに表現してください。］
④　My father bought me the PC.［2通りに表現してください。］
⑤　We elected her Chair of the Board.
⑥　Everyone laughed at him.

2-5　仮定法

　文の内容に対する話者の心的態度を表す動詞の形態を「法」といいます。英語の法には直接法、命令法、仮定法があります。これまで見てきたのは、p.3 の３つの命令文を除き、すべて直接法です。直接法は、話者がある事柄を事実として述べるものです。それに対して、仮定法は現実や事実に反する、話者の願望・仮定を述べます。

1 仮定法過去

　現在の事実に反する仮定です。動詞の過去形を使うので、仮定法過去と呼ばれますが、過去を表してはいません（**時制の一致**には従いません）。

If I were a bird, I would fly to you.
（もしも鳥だったら、あなたのところに飛んでいくのに。）

　［もちろん、現実は「私は鳥ではないので、君のところには飛んでいけない」わけです。If から始まる副詞節で I という主語に対して be 動詞の過去 were が使われていることに注意です。人称にかかわらず、be 動詞はすべて were になります。］

　＊一方、主節では would／might／could など助動詞の過去形が使われるのが普通です。

If he took more exercise, he would be healthier.
（もっと運動をしたなら、彼はもっと健康になるのだろうが。）

　［この文を直接法に変換するなら、Because he doesn't take any exercise, he is so unhealthy. とでもなるところです。］

I wish I had *Doraemon's anywhere door*.
（ドラえもんの「どこでもドア」があったらなあ。）

Q17 Answer

① The burglar was arrested by the police.
［問題文は SVO 型です。受動態へと変換する際には、目的語 O を主語の位置におき、be ＋過去分詞にし、動作主は通常 by によって示します。］

② A great deal of wine is produced in France.
［国名などはしばしば擬人化され、能動文の主語になりますが、受動文では普通擬人化が解消されますので、by France ではなく in France になります。］

③ I was given the book by my uncle.／The book was given (to) me by my uncle.
［問題文は SVOO です。どちらの目的語を焦点化するかで、2 通りの受動文が可能だということです。］

④ I was bought the PC by my father.／The PC was bought for me by my father.

⑤ She was elected Chair of the Board (by us).
［SVOC 型の能動文を受動態にする場合、O を主語の位置に持ってきて、C はそのまま残せばよいのです。］

⑥ He was laughed at by everyone.
［laugh at のように、複数の語が集まって1つの動詞の働きをする動詞句を「群動詞」と呼びます。受動態で at を落としたりしないように気をつけましょう。
【例】She made fun of him for his shortcomings.（彼女は彼の欠点を冷やかした。）→ He was made fun of for his shortcomings by her.］

[現在の事実に反する願望の表現です。wish に続く名詞節で動詞 have は had と過去になっています。]

She wishes he <u>were</u> with her now.
（彼女は今彼が一緒にいてくれたらと願う。）
　　[現実には、今彼はいないのです。]
　　＊しかし、最近では、I / he (she / it) was も珍しくなくなってきました。【例】I wish I was homeward-bound.（これが帰郷の旅だったらなあ。）

2 仮定法過去完了

過去の事実に反する仮定です。過去完了を使うのでそう呼びます。

If she <u>hadn't worn</u> dark glasses, I <u>would have recognized</u> her immediately.
（彼女がサングラスをかけていなかったら、すぐに彼女だとわかっただろうに。）
　　[主節は**過去形助動詞**＋**have**＋**過去分詞**という形になります。直接法にするなら、She wore dark glasses, so I didn't recognize her immediately. でしょう。]

I wish she <u>had been</u> there at the time.
（あの時、彼女がそこにいたならなあ。）
　　[現実には、もちろんそこに彼女はいませんでした。]

3 直接法の条件文との区別

If she arrives here, I'll let you know.
（彼女がここに着いたら、君に知らせるよ。）

この文は直接法で書かれています。仮定法ではありません。こういう条件でこうする、と言っているだけです。

　If she were here, I would let you know.（もしも彼女がここにいたなら、君に知らせるところだけれどね。）なら、彼女はここにはいないという前提になります。

4 were to と should を用いた表現

一般に、将来における実現可能性が乏しい仮定を表します。

If he were to contact me, I would never tell him where to find you.
（仮にやつがぼくに連絡してきたとしても、君の居場所は決して教えないだろう。）
　　［if...were to do という形で仮定条件を表します。仮定法過去の用法のひとつですから、主節に使う助動詞も過去形です。］

If I should fail, I would never try again.
（万が一失敗したら、もう二度とやらないでしょう。）
　　［未来のことは誰にもわかりません 'You never can tell'。この不確実性を、If〜should... という形で仮定条件を表します。主節には助動詞の過去形も現在形も使われます。］

Q18 例にならって、仮定法で言い換えてください。

例) She is very shy, so she doesn't enjoy parties.
→ If she *were not so* shy, she *would* enjoy parties.

① He heavily smokes; that's why he is so unhealthy.
② I don't have a map, so I can't direct you.
③ It was raining, so he took a taxi to work.
④ The doors were all blocked, so they couldn't escape from the burning hall.

2-6 法助動詞

助動詞には2種類あります。do, have, be など、動詞を助けて否定文・疑問文・法・態などの文法的形態を作るものと、もう1つは can, may, must などの**法助動詞**で、発話内容に対する話し手の判断（推量）を示したり、主語の意志・能力・義務などを表すものがあります。

1 Can / May / Must

❶ 能力、許可、義務・必要・禁止を表す

Can － 主語の能力

She can swim across the Channel.
（彼女は英仏海峡を泳いで渡ることができる。）
［この女性には英仏海峡を泳ぎ切るだけの能力がある、と言っています。実際に成し遂げたかどうかは問題ではありません。］

Q18 Answer

① If he did not smoke so heavily, he wouldn't be so unhealthy.
② If I had a map, I could direct you.
③ If it had not been raining, he would not have taken a taxi to work.
④ If the doors had not been blocked, they could have escaped from the burning hall.

She could swim across the Channel.
（彼女なら英仏海峡を泳ぎ渡ることができるだろう。）

　［canの過去形couldですが、実際にこの女性は英仏海峡を泳いだ経験はない（かもしれない）。しかし彼女なら、やればできるだろう、それだけの力があるだろう、と言っているのです。この英文を「…泳ぎ渡ることができた」と解釈しては間違いです。彼女が実際にこの大事業をやり遂げ、その能力を示したなら、She was able to swim across the Channel.（彼女は英仏海峡を泳ぎ渡ることができた）と言うべきでしょう。］

May －許可

You may ask just one more question.
（もう1つだけ質問をしてもよろしい。）

　［You are allowed to ask just one more question. と言い換えられます。］

You may not enter this room.
（この部屋に入ってはいけません。）

　［You are not allowed to enter this room. と言い換えられます。］

Must －義務・必要・禁止

I must help Mom hang out the washing.
（ママが洗濯物を干すのを手伝わなくてはなりません。）

I am afraid I must be leaving now.
（そろそろおいとましなくてはなりません。）

You must not leave the door open.
（ドアを開け放しにしてはならない。）

　［must notで禁止を表します。］

"Must I tell her to leave here at once?"—"No, you don't have to."
(「彼女にすぐにここを立ち去るように言わなくてはなりませんか？」
「いや、その必要はない。」)
　［必要の否定、つまり不必要だと言いたいときは have to の否定を使います。You don't have to call me.（私に電話を掛けてくる必要はない。）］

❷ 話し手の判断を表す

　Can / May / Must は話し手による可能性の判断（推量）にも使われます。それぞれ可能性の程度が異なりますので、比較してみてください。

　What he says cannot be true.
　（彼が言うことは真実ではありえない。）
　　［can を否定形にして、強い否定的推量になります。］

　What he says must be true.
　（彼の言うことは真実に違いない。）
　　［must を使うと、cannot と対照的な強い肯定的推量になります。］

　What he says may be true.
　（彼の言うことは真実かもしれない。）
　　［may になると確信は弱くなります。助動詞の代わりに副詞を使って What he says is probably true. とすれば、ほぼ等しい意味になります。］

　What he says might be true.
　（彼の言うことはひょっとして真実かもしれない。）
　　［might だとさらに慎重さが増します。］

　He cannot have killed the bank clerk.
　（彼がその銀行員を殺したなんてありえない。）

〔cannot + have +過去分詞で、過去の強い否定的推量になります。〕

He <u>must have killed</u> the bank clerk.
(彼は銀行員を殺したに違いない。)

He <u>may have killed</u> the bank clerk.
(彼は銀行員を殺したかもしれない。)

He <u>might have killed</u> the bank clerk.
(彼はことによると銀行員を殺したかもしれない。)
　〔慎重な過去の推量ですが、あいまいな文であるとも言えます。というのは、この文は「彼が銀行員を殺さなかった」という意味にも取れるからです。
　　例えば、次のような仮定条件を設定してみます。<u>If he had run into the bank clerk there then,</u> he might have killed him. (もし彼がその時その場所で銀行員にばったり出くわしていたとしたら、彼は銀行員を殺していたかもしれなかった＝銀行員に出くわすことはなかったから、彼は殺さなかった。)
　　このように、この文が仮定法過去完了の主文（仮定法において、If 節が省略されることは珍しくありません）であるなら、彼は殺さなかったことになるのです。〕

2 その他の法助動詞――丁寧、予測、習性など

<u>Would</u> you pass me the salt, please?
(塩をこちらに回していただけますか？)
　〔助動詞の過去は、より**婉曲・丁寧**な表現になります。したがって、will より would を使うほうが丁寧な依頼になります。〕

Those old-fashioned pieces of furniture <u>will</u> suit my mood perfectly.

(あした時代遅れの家具は私の気分にぴったり合うだろう。)
　［**予測**を表します。］

Boys will be boys.
(男の子は男の子だ。)
　［**習性**を表します。］

The door will not open.
(ドアが（どうしても）開かない。)
　［**固執**を表します。］

My position has always been that we should encourage technology.
(これまで通り私の立場は、われわれは科学技術を振興すべきであるというものだ。)
　［**義務**を表します。］

The washer should last for ten years allowing for normal wear and tear.
(この洗濯機は、通常の使用による消耗を考慮に入れて、10年はもつはずです。)
　［**確実さの程度**を表します。］

You ought to have been kinder to her.
(君は彼女にもっと優しくするべきだった。)
　［**義務・当然**を表します。］

Nothing need be done about this right now.
(これについては、今すぐ何かする必要は全くない。)
　［**必要**を表します。現在ではneedは、次のように本動詞として使われることのほうが多いです。Nothing needs to be done about this right

now.］

Q19 英訳してください。

① 彼女が彼について言っていることが本当であるはずはない。
② まず彼に尋ねるべきだ。
③ 彼らは最終列車に乗り損ねたかもしれない。
④ 彼はいつものように午後6時までには会社を出たに違いない。
⑤ 我々はようやく彼と連絡をとることができた。［連絡をとる：contact］
⑥ あなたはこれらの規則を守らなくてはならない。［obeyを使って。］

2-7 不定詞

不定詞には原型不定詞とto不定詞の2種類ありますが、ここで扱うのはto不定詞です。原型不定詞は助動詞・使役動詞・知覚動詞などの後に使われるくらいですが、to不定詞の用法ははるかに多様です。

1 名詞的用法

名詞的に扱われ、主語・目的語・補語として用いられます。

To master Russian in two months seems impossible.
（ロシア語を2か月でマスターすることは不可能に思える。）

Q19 Answer

① What she says about him cannot be true.
② You should ask him first.
③ They may have missed the last train.
④ He must have left his office by 6 p.m. as usual.
⑤ We were able to contact him at last.
⑥ You must obey these rules.

［実際に連絡を取ったわけでしょうから、be able toを使います。We could contact him at last. ではいけません。「我々はついに彼と連絡がとりうる」という状態にはありますが、実際にとったことにはなりません。］

［主語］

It seems impossible to master Russian in two months.
　［主語。上の文の書き換えです。長い主語は一般に好まれません。仮の主語（形式主語）である it を文頭に立てて、It seems impossible と言い切ってしまってから、真の長い主語 to master... を続けています。］

It takes 2,700 liters of water—the amount the average person consumes in three years—to make one cotton T-shirt.
　［主語］
（1着の綿のTシャツを作るのに、2,700リットルの水が要る——人ひとりが平均3年で消費する水の量である。）

I make it a rule to walk along the river for an hour before breakfast every day.
（朝食前に1時間ほど川辺を歩くことを日課にしている。）
　［目的語としてです。it は to walk... を受ける形式目的語です。］

His aim is to control the whole government of this country.
（彼の目的は、この国の統治機構を完全に掌握することだ。）
　［主格補語としてです。］

She seems to have enjoyed shopping in town.
（彼女は街での買い物を楽しんできたようだ。）
　［主格補語としてです。述語動詞 seems の時（現在）より前の時を完了不定詞で表しています。］

His advice enabled her to resume her work.
（彼の助言のおかげで、彼女は研究を再開することができた。）

［目的格補語としてです。SVOC型の文になります。］

2 形容詞的用法

　名詞や代名詞を修飾する用法です。修飾される名詞・代名詞が不定詞の主語となる場合、目的語となる場合があり、さらには不定詞が修飾される名詞の内容を説明する場合もあります。

　He has a lot of friends to help him in time of need.
　（彼にはまさかの時に助けてくれる友人がたくさんいる。）
　　［主語になります。friends は to help... という不定詞の主語に当たる位置にあります。］

　They are looking for someone to look after their baby.
　（彼らは赤ん坊の面倒をみてくれる人を探している。）
　　［主語になります。この文でも、修飾される代名詞 someone が不定詞の主語に当たります。］

　He seems to have some secret to keep from us.
　（彼には私たちに隠している秘密があるようだ。）
　　［目的語になります。この文では不定詞に修飾される名詞 secret が、不定詞の目的語になっています。］

　I have nothing to write with.
　（書くものを何も持っていない。）
　　［目的語になります。修飾される代名詞 nothing は前置詞 with の目的語に当たります。ちなみに、with は手段を表しますね。to write with a pen（ペンで書く）→ a pen to write with（書くのに使うペン）です。I have nothing to write about. だったら、「書くべきテーマがない。」ことになりますね。I have no letter to write. だったら、「書く手紙は

1通もない。」です。]

All our efforts to reach agreement have ended in failure.
（合意を達成しようとするわれわれの努力はすべて不調に終わった。）
　　［不定詞が修飾される語（All our efforts）の内容を説明しています。effortsの内容がto reach agreementに当たります。］

3 副詞的用法
　副詞的というのですから、動詞・形容詞・副詞あるいは文全体を修飾します。
❶ 動詞を修飾：目的、結果、原因、条件などを表します。
　Male mice shed tears to keep their eyes from drying out.
　（雄のネズミは目を乾燥から防ぐために涙を流す。）
　　［目的］

　He had opened his heart only to be charmingly rejected.
　（彼は心のうちを正直に語ったのだったが、チャーミングな拒絶をくらっただけだった。）
　　［結果］

　She was greatly shocked to hear of his sudden death.
　（彼女は彼の突然の訃報を聞いて大きな衝撃を受けた。）
　　［原因。shockedという過去分詞を形容詞と取れば、この用法は次の❷に分類できるかもしれません。］

　To hear her talk, you would take her for a foreigner.
　（彼女が話すのを聞けば、外国人かと思うでしょう。）
　　［条件。条件節に直せばIf you hear her talk, ... です。］

❷ 形容詞を修飾：原因（理由）

I am very glad to see you again.
（またお会いできて、とてもうれしいです。）

I am sorry to have kept you waiting.
（お待たせしてしまってすみません。）
　［待たせたのは述語動詞（am）の時制より前ですから、その時差を完了不定詞で表しています。］

You were careless to leave your passport on the seat of the car.
（パスポートを車の座席に置き忘れるとは不注意だったね。）
　［It was careless of you to leave your passport on the seat of the car. と書き換えられます。］

You have to be careful not to take his silence for consent.
（彼の沈黙を同意と受け取らないように気を付けなくてはならない。）

❸ 副詞を修飾：目的、程度など

She wrote to the press so as to / in order to expose the scandal.
（彼女はそのスキャンダルを暴露するために、新聞社に手紙を書いた。）
　［副詞句と呼応して、目的を表します。］

He was so kind as to see me home.
（彼は親切にも私を家まで送ってくれた。）
　［私を家まで送ってくれるほどに親切だった、ということ。程度を表しています。］

We make these decisions when we're too young to know better, then we have to live with them.

(私たちは若気の無分別から、こうした決意をし、その決意に従って生きていかざるを得なくなるものだ。)
　[too young to know better：「分別をもつには若すぎる」→「若すぎて分別がない」]

He is old enough to vote.
(彼は選挙権年齢に達している。)

They have enough time to finish all this.
(彼らにはこれをみな終わらせるだけの十分な時間がある。)
　[上記2文の enough の位置は、形容詞・副詞を修飾するときは語の後ろに、名詞を修飾するときは語の前に来ます。]

❹ 文全体を修飾：独立不定詞と呼ばれ、慣用語句になっています。

To be [perfectly] frank [with you], he is not the sort of man that you could trust.
(率直に言って、あれは君が信頼していいような男ではないね。)

To do him justice, he is not so inefficient.
(公平に判断すれば、彼はそれほど無能ではない。)
　[他に、to tell [you] the truth（正直に言って）、to make a long story short（手短に言えば）、to be exact（厳密に言うと）、to begin with（まず第一に）などが比較的よく使われます。]

4 be to 不定詞

予定、義務、意志などを表します。助動詞的な用法です。

The game is to start at 3 p.m. tomorrow.
(試合は明日午後3時に始まる予定です。)

［予定を表します。］

We <u>were to have spent</u> a week there but the plan fell through.
（私たちはそこで1週間過ごす予定だったが、計画倒れに終わった。）
　　［was / were to have ＋過去分詞で、実現しなかった予定を表します。］

You <u>are to refrain</u> from taking photographs in the museum.
（美術館内では写真の撮影は控えなくてはならない。）
　　［義務を表します。］

She <u>was never to return</u>.
（彼女は二度と戻ることはなかった。）
　　［運命を表します。］

If we <u>are to meet</u> him at the airport, we had better leave now.
（彼を空港で迎えるなら、もう出たほうがよい。）
　　［意志を表します。］

5 **疑問詞＋to 不定詞**

I don't know how to say thank you in Vietnamese.
（ベトナム語でお礼の言い方を知りません。）
　　［他に、what to read（読むべきもの）、where to go（どこへ行くか）、
　　which to choose（どちらを選ぶか）などの表現もあります。］

Q20 英訳してください。

① 私たちの目的は私たちの仮説の裏付けを見つけることだ。［目的：aim。仮説：hypothesis。〜の裏付け：support for 〜］
② 彼女はその本を1日で読み通すのは不可能だとわかった。［動詞findと形式目的語itを使って。読み通す：read through］
③ 彼は君に話があるようだ。［話がある＝君に言うべきことを持つ］
④ 彼女を見送りに駅まで行ってきたところです。［現在完了です。見送る：see someone off］
⑤ 君の商売がうまくいっていると聞いて嬉しいよ。［商売がうまくいっている＝ビジネスにおける成功］
⑥ コンサートに間に合うようにタクシーで行ったほうがよい。［we had betterで始める。〜に間に合う：to be in time for］
⑦ 私どもの娘は結婚するには若すぎます。
⑧ 彼はもっと分別があっても良い年齢のはずだ。［助動詞shouldを使って。もっと分別がある：know better］

2-8 分詞

分詞には**現在分詞**と**過去分詞**があります。どちらも動詞から作られるので、動詞の性格を持っていますが、同時に形容詞・副詞の役割を兼ね備えています。現在分詞・過去分詞とは言っても、時制の現在・過去とは無関係です。

Q20 Answer

① Our aim is to find support for our hypothesis.
② She found it impossible to read through the book in one day.
③ He seems to have something to tell you.
④ I've just been to the station to see her off.
⑤ I'm glad to hear of your success in business.
⑥ We'd better take a taxi to be in time for the concert.
⑦ Our daughter is too young to marry.
⑧ He should be old enough to know better.

現在分詞は**動名詞**【2-9 参照】と同形ですが、文中での役割によって両者は区別されます。なお、現在分詞は進行形を、過去分詞は完了形と受動態を作りますが、これらについてはすでに扱いましたので、ここでは省きます。

1 形容詞的用法
❶ 限定用法

Look at their smiling faces.
(彼らの笑顔を見てごらん。)
　［現在分詞 smiling は、普通の形容詞と同じように、後に続く名詞 faces を修飾しています。］

He laughed at my painted face.
(彼は私の化粧をした顔を見て笑った。)
　［過去分詞 painted が名詞 face を修飾しています。過去分詞は受動態で使われることからもわかるように、こうして形容詞的に使われる場合も意味は受動になります。］

Where's the father of the baby sleeping in her arms?
(彼女の腕の中で眠る赤ん坊の父親はどこ？)
　［分詞が単独で名詞を修飾する場合には、名詞の前に置かれますが、分詞が他の要素（この文では in her arms という副詞句）を伴うときには、修飾する名詞の後に置かれます。］

❷ 叙述用法

The president stood attended by bodyguards.
(大統領はボディーガードに警護されて立っていた。)
　［主格補語です。］

The baby kept crying.

（赤ちゃんは泣き続けていた。）
　［主格補語です。］

They always kept us waiting.
（彼らはいつも私たちを待たせた。）
　［目的格補語です。］

I'll have my bicycle repaired.
（自転車を直してもらおう。）
　［目的格補語です。］

　＊ the rising sun と the risen sun ?
　　rising は現在分詞ですから、the rising sun は昇りつつある朝日を意味します。risen は過去分詞ですが、元の動詞 rise は自動詞です。自動詞の過去分詞には受動の意味はありません。それでは the risen sun の意味は？　the risen sun とはすでに昇った太陽のことを言うのです。自動詞の過去分詞は動作の完了を意味するわけです。

2 名詞的用法
　形容詞に定冠詞（the）を付けることで名詞化されますが、分詞についても同様です。

The accused protested his innocence.（被告は無罪を主張した。）
The accused were all found guilty.（被告たちは全員有罪となった。）
　［accused などは単複どちらでも使われます。］

The unexpected has happened.（予想外のことが起こった。）

3 分詞構文

分詞が主文を修飾する副詞的用法の1つに分詞構文があります。動詞・副詞・接続詞の役割を兼ね備えた構文で、主文に、時・理由・付帯状況などの意味を添えます。どんな意味で使われているかは、文脈によって判断します。

Though he didn't sleep at all, he continued to live a normal life, <u>marrying twice and having six children</u>.
(まったく眠らなかったが、彼は普通の生活を続け、2度結婚し、6人の子どもをもうけた。)
　［付帯状況を示しています。分詞構文において主語が明記されない場合は、主文の主語と同一の意味上の主語が想定されています。］

<u>Not receiving any response</u>, I wrote to the press again.
(返事がなかったので、私は再び新聞社に手紙を書いた。)
　［理由です。否定語（この文ではnot）は分詞の前に持ってきます。］

<u>Born into an ordinary family</u>, Faraday received only a basic education.
(平凡な家庭に生まれたので、ファラディーは初等教育しか受けなかった。)
　［理由です。接続詞を使って節で表せばBecause he was born...のようになります。これをそのまま分詞構文にすると、being bornという形になりますが、beingは省略されるのが普通です。］

One day, <u>my curiosity having gotten better of me</u>, I mustered my courage and meager Japanese to engage the Japanese student in conversation.
(ある日、私は好奇心に負けて［＝私の好奇心が私に打ち勝った結果］、勇気を奮い起し、乏しい日本語の知識をかき集めて、その日本人学生を会話に誘い込んだ。)

[分詞構文の意味上の主語が主文の主語と異なる場合は、もちろん明示する必要があります。また、この例では分詞構文が完了形を取っていて、主文（I mustered...）との時間差を明確化しています。副詞節なら as my curiosity had gotten better of me とでもなるところです。]

4 慣用語法

Judging from the look of the sky, we'll have snow tonight.
（空模様から判断すれば、今夜は雪になるだろう。）

[他に、generally speaking（一般的に言って）、strictly speaking（厳密に言って）、admitting (that)（〜とは言うものの）などがあります。]

Q21 英訳してください。

① 彼女を入り口に立たせておかないで。[keep を使って。]
② 負傷者たちは市内外のいくつかの病院に運ばれた。
③ トムと踊っているあの少女はだれ？
④ 彼はワイシャツにアイロンをかけてもらった。
⑤ 遺書が見つかることを期待して、彼女はあちこち探した。[分詞構文で。遺書：will。期待して：hope]

2-9 動名詞

動名詞は動詞と名詞の役割を兼ね備えたものです。動名詞は現在分詞と同

Q21 Answer
① Don't keep her standing at the door.
② The injured were taken to several hospitals in and around the city.
[the injured：人を表す場合は複数扱いが普通です。]
③ Who is that girl dancing with Tom?
④ He had his white shirt ironed.
⑤ Hoping to find the will, she searched everywhere.

形ですから、文中での役割によって両者を区別します。

1 **名詞的用法**

Using language appropriately helps to improve communication.
（言語を適切に使用することが、コミュニケーションの向上に役立つ。）
　［主語です。主語として使われているので名詞に相当するのですが、appropriately という副詞に修飾されていることから、動詞的な性格も持っていることがわかります。］

Your getting mad doesn't help anyone.
（君がカンカンになって怒っても、誰の助けにもならない。）
　［主語です。Your getting mad という主語の中に、動名詞 getting の主語が your という所有格で明示されている例です。］

He admitted cheating on his wife.
（彼は妻を裏切っている（浮気をしている）ことを認めた。）
　［目的語です。］

We very much regret having given you cause for complaint.
（お客様のご不満のそもそもの原因が私どもにありましたことを、大変遺憾に思っております。）
　［目的語です。完了形の動名詞を使って、述語動詞 regret との時間差を表します。］

How would he be able to get into her room without being seen by anybody?
（どうしたら、誰にも見られることなく、彼は彼女の部屋に入っていくことができるだろう。）
　［前置詞（without）の目的語になっています。］

2 動名詞の慣用表現

I couldn't help laughing when I saw him slip and fall on the wet pavement.
(彼が濡れた舗道で滑って転ぶのを見て、思わず笑ってしまった。)
　[cannnot (could not) help ＋動名詞で、「〜せざるをえない」。お馴染みの表現です。]

It is no use crying over spilt milk.
(こぼれたミルクを嘆いても無駄だ＝覆水盆に返らず)
　[There is no use... でも同じ意味になります。]

There is no accounting for taste.
(人の好みは説明できない＝十人十色)
　[there is no ＋動名詞で、「〜できない」。]

I feel like staying here for a few more days.
(ここにもう2、3日滞在したい。)
　[feel like ＋動名詞で、「〜したい気がする」。]

3 動名詞と不定詞

　動名詞も不定詞も文の目的語となりえるわけですが、動詞によってはどちらを目的語とするかが決まっている場合があります。

❶ 不定詞だけを目的語とするもの

We agreed / decided to talk about the subject later.
(そのテーマについてわれわれは後で話し合うことに同意した／決めた。)

He pretended not to be interested in our conversation.

（彼はわれわれの会話に関心のない振りをしていた。）

I promised to take my children to the zoo.
（子どもたちを動物園に連れていく約束をした。）

他に、determine, hope, offer, refuse, resolve などが不定詞を取ります。

❷ 動名詞だけを目的語にするもの

Would you mind my sitting beside you?
（隣に座らせていただいてもよろしいですか？）

I always enjoy playing tennis with him.
（いつでも彼とテニスをするのは楽しい。）

She stopped writing and went out for a walk.
（彼女は書くのを止めて、散歩に出た。）

動名詞を目的語にする動詞には、他に finish, avoid, give up, put off, deny などがあります。

❸ 不定詞と動名詞のどちらも目的語にできるが、表す意味の異なるもの。remember, forget, try が主なものです。

Remember to confirm your flight 48 hours before departure.
（出発48時間前に忘れずにフライトの確認を行ってください。）
［「これからすべきことを覚えている」ということ。］

I clearly remember visiting my grandparents who lived in this house in my childhood.
（かつてこの家に住んでいた祖父母を訪ねたことをはっきり覚えていま

す。)
　［「過去にしたことを覚えている」ということ。］

I <u>forgot to tell</u> her to call you.
(君に電話をするように彼女に伝えるのを忘れた。)
　［remember とは意味は逆ですが、用法は同じです。「すべきことを忘れた」ということです。］

I completely <u>forgot borrowing</u> those books from her.
(彼女からそれらの本を借りたことをすっかり忘れていた。)
　［「したこと(本を借りたこと)自体を忘れた」ということです。］

<u>Try to remember</u> what you always said to me in those days.
(あの頃、いつもあなたが私に言っていたことを思い出してみて。)
　［try to 不定詞で「〜しようと努力する」という意味になります。］

I'm going to <u>try cooking</u> lamb for dinner.
(夕飯にラム肉を料理してみるつもりだ。)
　［try ＋動名詞で「〜を試しにしてみる」ということです。］

Q22 英訳してください。

① 彼はギャンブルを止めた。[give up を使って。]
② お会いするのを楽しみにしています。[look forward to を使って。]
③ 寝る前にドアに鍵をかけるのを忘れないで。
④ 彼はそれと気づかずに、我々を助けるのではなく我々の邪魔をした。
　[気づかずに：without と realize を使って。邪魔をする：hinder。〜のではなく：instead of 〜]
⑤ 私たちはテントを張るのに大変苦労した。[苦労する：have difficulty (in) 〜。(テント) を張る：put up]

2-10 話法──時制の一致

　いわゆる間接話法において、主節の時制に合わせて従属節の時制を変化させることです。常道ですが、直接話法を間接話法に変換することで説明してみます。

［直接］He said, "I don't believe her."
　　　　(「ぼくは彼女の言うことは信じない。」と彼は言った。)
［間接］He said that he didn't believe her.

　［直接話法では、彼の言ったことばをその通りに引用符の中に記述しています。間接話法では、主節の時制＝過去（said）に合わせて、従属節（that 節）の時制を過去に変化させています。直接話法のＩが間接話法

Q22 Answer

① He gave up gambling.
② I am looking forward to seeing you.
③ Don't forget to lock the door before going to bed.
④ Without realizing it, he hindered us instead of helping us.
⑤ We had a lot of difficulty (in) putting up the tent.

でheに変わることにも注意してください。She said, "I don't believe you."は She said that she didn't believe me. となります。"I don't believe you"のIとは、youとは、それぞれ誰のことなのか、考えてみればわかりますね。]

［直接］She said to me, "I will let you know if he calls me."
　　　　（「彼が電話してきたら、知らせるわね。」と彼女は言った。）
［間接］She told me that she would let me know if he called her.

［主節 said to me は told me に変わります。that 節内で will が would に、calls が called と過去になっていること、you が me に me が her となっていることに注意です。］

［直接］She said to me, "Do you know why Carol didn't accept his proposal?"
　　　　（「なぜキャロルが彼のプロポーズを受けなかったか知っている？」と彼女は私にきいた。）
［間接］She asked me if I knew why Carol hadn't accepted his proposal.

［直接話法が疑問文の場合の例です。主文で ask を使うこと、従属節には if を立てます。この例では直接話法の過去 didn't accept が、間接話法で過去完了 hadn't accepted になっていることに注意してください。］

［直接］"What are you looking for?" I said.
　　　　（「何を探しているの？」と私は言った。）
［間接］I asked what he was looking for.

［直接話法の you を間接話法で he としましたが、もちろん she あるいは they（この場合、was でなく were）という可能性もあります。普通は文

基礎英文法編 Chap.1

脈から判断できます。]

Q23 間接話法に直してください。

① "I have nothing to tell you," I said to her.
② "I haven't done my homework yet," he said.
③ "How long have you been here?" said Mary.
④ She said to him, "Don't forget to call me tonight."
⑤ She asked me, "Shall I tell him what happened?"

Q23 Answer

① I told her that I had nothing to tell her.
② He said that he hadn't done his homework yet.
③ Mary asked how long I had been there.
　［here が there となることに注意です。］
④ She told him not to forget to call her that night.
　［命令文は tell + O + to 不定詞の形です。tonight は that night になります。］
⑤ She asked me if she should tell him what had happened.

覚えて使おう！

　この例文集は、これまで学んできた基礎文法においてより注意してもらいたいもの、本文では扱いきれなかった文法を補うものです。じっくりと読み、また暗記をするなどして活用してください。

　それぞれの文について、まずは文型（8文型＋存在文）を確認してみましょう。次に、試訳を参考に、文の「意味」を文法的に解明してみましょう。辞書は徹底的に活用してください。

① Messages from your brain travel along your nerves at up to 322 km/h.
人の脳から発せられたメッセージは、最高時速322キロで神経を伝わっていく。

② We live in an age of growing environmental uncertainty.
私たちは環境が不安定化していく時代に生きている。
　＊growing は現在分詞。uncertainty を修飾。

③ Woody looked around, but to his disappointment, he did not see Joanne.
ウディはあたりを見回したが、ジョアンヌの姿が見えなかったので、がっかりした。
　＊to his disappointment：「彼のがっかりしたことに」【参照】to one's chagrin（残念なことに）；to one's delight（嬉しいことに）；to one's amazement（驚嘆したことに）；to one's astonishment（驚いたことに），Much to my surprise, they got divorced.（たいそう驚いたことに、2人は離婚した）

④ To a poet nothing can be useless.
詩人には、役に立たぬものなどありえない。
　＊18世紀のイギリスの文芸評論家・辞書編纂者、ジョンソン博士（Samuel Johnson）の言葉です。

⑤ Painting is only a bridge linking the painter's mind with that of the viewer.
絵（を描くこと）は、絵描きの精神と見る人の精神とをつなぐ橋にすぎません。
　＊Painting は動名詞。普通名詞化した painting は絵ですが、その場合は可算名詞ですから、a painting のように冠詞を伴うはずです。linking は現在分詞で、bridge を修飾しています。指示代名詞 that は mind の代わり。フランスの画家ドラクロア（Eugene Delacroix）の言葉です。

⑥ Who could be calling at this time of night?
こんな遅い時間に電話を掛けてくるなんて、いったい誰だろう。

⑦ Nothing is more memorable than a smell.
匂いほど記憶に残るものはない。
　＊原級表現に変換すると Nothing is as memorable as a smell.

⑧ About 61% of your body weight is water.
人の体重の約61パーセントは水である。

⑨ Getting to know Harry was the most interesting thing that had happened to her for ages.
ハリーと知り合ったこと以上に興味深い出来事を、彼女は久しく経験したことがなかった。
　＊the most interesting thing that had happened... 「彼女に起こったもっとも興味深いこと」。that は主格の関係代名詞、先行詞は the most interesting thing。

⑩ He sounds very different from you.
その人、あなたとはずいぶん違うみたいね。
　＊誰かが「その人＝He」について、相手の女性に語っています。その話を聴いている女性が言った言葉です。sound：〜に聞こえる。seem 系の動詞です。"How about a quick drink?" "(That) sounds like a good idea."「ちょっと一杯どう？」「それはいいね。」

⑪ This is the moment I have lived for.
この瞬間のためにこそ、わたしはこれまで生きてきたのだ。
　＊ This is the moment. I have lived for this moment. これら2つの文を関係代名詞でつなぐと、上の文になります。使われる関係代名詞は which か that ですが、前置詞 for の目的語の位置をしめます。目的格の関係代名詞は省略できるのでしたね。

⑫ The most amazing thing about spiders is the way they make their webs.
クモについてもっとも驚嘆すべきことは、かれらが巣を張るそのやり方である。
　＊ the way は how でも可です。the way *in which / that* と関係代名詞ないし関係副詞（の代用としての that）が続くところですが、しばしば省略されます。

⑬ My viewpoint is 180 degrees opposed to what it was.
今の私の考え方はかつてとは正反対です。
　＊ what：関係代名詞。what it [=my viewpoint] was：私の考え方がそうであったところのもの。

⑭ When a man is tired of London, he is tired of life; for there is in London all that life can afford. (James Boswell, *Life of Johnson*)
ロンドンに飽きたときは、人生に飽きた時だ。ロンドンには、およそ人生が与えうるすべてがあるのだから。
　＊ be tired of 〜：〜に飽きている。

⑮ A rainy day is the perfect time for a walk in the woods. I always thought so myself; the Maine woods never seem so fresh and alive as in wet weather. (Rachel Carson)
雨の日こそは森を歩くのにうってつけの時です。私はいつもそう思っていました。雨降りの時ほど、メインの森が新鮮で、生き生きと見えることは決してないのです。

⑯ I can't recall a game quite as exciting as this one.
これほどエキサイティングな試合は思い出せない。

基礎英文法編 Chap.1

⑰ I don't know anything about navigating, but if we keep in sight of the coast, I don't see how we can go wrong.
航海については何の知識もないが、海岸線を見失わないように船を進めていくかぎり、航路を間違えるなんてことはありえないと思う［どうしたら航路を間違えうるのかがわからない］。
＊keep in sight of the coast：海岸が見える状態を保つ。

⑱ Everything we do to our environment will in one way or another affect the quality of life we experience on this tiny spaceship.
私たちが環境に対して為すことのいちいちが、この小さな宇宙船［地球］のうえで私たちが経験する生の質になんらかの影響を与えるだろう。
＊目的格の関係代名詞省略個所が2か所ありますね。

⑲ I want to seize fate by the throat.
僕は運命（の女神）の喉首をつかまえたいのです。
＊ベートーベン（Ludwig van Beethoven）の言葉です。運命は女神としてイメージされます。by the throat は目的語 fate の身体部位を表します。喉をもってして fate をつかまえる、ということです。
【例】I took her by the hand. は「彼女の手を取った。」で、「自分の手で彼女をつかまえた」のではありません。He hit me in the face.（ぼくの顔をなぐった。）まず、私をたたいた、と言ってから、どこを叩いたのかを示すのです。He patted me on the shoulder.（ぼくの肩を叩いた。）

⑳ Someone may like a landscape painting because it reminds him of home, or a portrait because it reminds him of a friend.
見れば故郷を思い出すという理由で、人は1枚の風景画を好むかもしれないし、あるいは、友人を彷彿させるという理由で、1枚の肖像画を好むこともあるかもしれない。

㉑ Certain decisions are made automatically, seemingly without giving them much thought.
事柄によっては、熟慮を重ねる様子もなく、機械的に決定が行われるこ

とがある。

＊certain decisions：ある種の決定

㉒ Writing in a journal offers a child the opportunity to sort out their thoughts.
日記をつけることは、子どもが考えを整理するよい機会になる。

㉓ Use of alternative fuels has saved the company 7.2% on its thermal equivalent fossil fuel costs.
代替燃料を使用することで、その企業は化石燃料で同等の熱量を得るのにかかる経費を7.2%節減した。

＊＝ Use of alternative fuels has saved the company its thermal equivalent fossil fuel costs by 7.2%.

㉔ This <u>road</u> will take you to Sendai in half an hour.
この道を行けば、30分で仙台につきます。

＊SVOA無生物主語の文です。直訳すれば、「この道路はあなたを仙台に30分で連れていく」ということ。同じことは、If <u>you</u> take this road, <u>you</u> will get to Sendai in half an hour. のように、人を主語にしても言えますが、英語では頻繁に無生物主語の文を使います。とくに<u>主部に原因</u>を置き、<u>述部で結果</u>を示すという、因果を表現するタイプは重要です。日本語の発想にないものですが、ぜひ慣れて使えるようにしてください。上の㉒・㉓も無生物主語の文ですね。

㉕ A back injury forced him to withdraw from *sumo* wrestling.
背中の怪我のために彼は力士を引退せざるを得なかった。

＊書き換えれば、Because of a back injury, he had to withdraw from *sumo* wrestling.

㉖ Computerization should have enabled us to cut production costs by 60%.
コンピュータ化によって、生産コストを60%カットすることができるはずだった。

＊weを主語にすると、As a result of computerization, we should

基礎英文法編 Chap.1

have been able to cut...
㉗ The tax incentive encouraged more drivers to use public transport when commuting.
租税優遇措置により、通勤に自家用車よりも公共交通機関を利用する人が増えた。
　　＊SVOC ; Encouraged by the tax incentive, more drivers began to use...
㉘ Boy seemed to think that marriage need make no great difference to his life.
ボイは、結婚したからといって自分の生活をたいして変える必要はないと考えているようだった。
　　＊that節の中は、「結婚が彼の生活に大きな変化をもたらす必然性がない」ということ。
㉙ They could have walked to Bevin's house, but it was raining, so Bob had had the car brought around.
その気なら彼らはベヴィンの家まで歩くこともできたろうが、雨が降っていた。そこで、ボブは前もって車を回してもらったのだった。
㉚ No one should have to live in fear of violence.
何人も暴力に怯えて生活することがあってはならない。
㉛ How can anyone complain about that?
誰も不平など言うわけはない。
　　＊「誰がどうしたらそれに不平を言い得ようか。」いわゆる修辞疑問文です＝ No one can complain about that.
㉜ What could there be to talk about?
いったい何を話すことなどあるものかね。
　　＊修辞疑問文。＝ There could be nothing to talk about.
㉝ It was not until the eighteenth century that the word 'fossil' got its modern meaning, that of the petrified remains of a plant or animal that had once been alive.

'fossil' という語が現代的な意味、すなわちかつて生存していた植物や動物の石化した遺骸という意味を獲得したのは、ようやく18世紀になってのことだった。

　　＊強調構文。It ＝ that 節という関係を把握してください。that 節で言っていることは、18世紀まではなかったということです。

㉞ He could not say what it was about Joanne that had so captivated him.
ジョアンヌのいったい何が自分をこれほど夢中にさせるのかが彼にはわからなかった。

　　＊say の目的節が強調構文です。it ＝ that had so captivated him という関係です。

㉟ All that is asked of him is that he go quietly to the right cell and remain quiet when he gets there.
彼に要求されているのは、ただ黙って自分の監房まで行き、着いたなら、そこでも黙ったままでいろということだった。

　　＊that 節の he go に注意です。主文内の要求を意味する動詞（asked）との関連で、この男への要求内容を示した that 節では、動詞が仮定法現在（動詞の原型）になるのです。この go は人称や時制の変化に対応しません。同様の規則は、要求（ask, demand）以外に、提案（propose, suggest）、推奨（recommend）、必要（be necessary/vital）などの場合にも当てはまります。he should go のように、should を使うこともあります（主にイギリス英語）。

㊱ It was vital that the secret be kept just a little longer.
さらにもう少しの間、それを秘密のままにしておくことが肝要だった。

　　＊that 節は仮定法現在（be kept）。

㊲ Each of these theories is an explanation that has been confirmed to such a degree, by observation and experiment, that knowledgeable experts accept it as fact.
これらの理論のどれもが、その道の専門家たちが事実として認めるにいたる程度まで、観測と実験によって裏付けられた説明なのである。

* such...that 節の構文。to such a degree（その程度まで）とは、どの程度かというと、that 節の内容程度だと言っているのです。so...that 節の構文も同じように考えます。She was *so* tired *that* she couldn't wait up for her husband's return.（彼女はとても疲れていたので、夫の帰宅を起きて待っていることができなかった。）

㊳ Never in the history of the world have we had so much to eat, but it seems that in a culture of plenty, the choices we make become even more important.

歴史上、これほど食糧が豊富な時代はかつてなかったが、物質的豊かさの文化においては、私たちの選択行為がより一層重要性を増すように思われる。

* never が文頭に立つことで、倒置が生じました。

㊴ If all mankind minus one were of one opinion, and only one person were of the contrary opinion, mankind would be no more justified in silencing that one person than he, if he had the power, would be justified in silencing mankind. (John Stuart Mill, *On Liberty*)

もし1人を除く人類すべての意見が一致し、1人だけが反対だったとしても、その1人を黙らせる行為が人類に正当化されることはないだろう。もしその1人がそれだけの権力をもっていたとしても、彼が人類を黙らせることが正当化されないのと同じように。

* ミル（John Stuart Mill）の『自由について』（*On Liberty*）から。仮定法過去です。no more...than... というつながりに注意です。

基礎英文法編 参考文献

安藤貞雄『英語の文型―文型がわかれば、英語がわかる』開拓社、2008.
江川泰一郎『英文法解説』改訂3版、金子書房、1991.
小菅隼人『英語Ⅰ〈簡約〉英語の文法と表現』慶應義塾大学通信教育課程テキスト、2000.
Bartlett, John. *Familiar Quotations: A Collection of Passages, Phrases and Proverbs Traced to Their Sources in Ancient and Modern Literature*, 15th ed., London: The Macmillan Press Ltd., 1980.
Carson, Rachel. *The Sense of Wonder*, New York: Harper and Row, 1956.
Follett, Ken. *Winter of the World*, New York: Penguin Group, 2012.
_____. *Edge of Eternity*, London: Macmillan, 2014.
Kane, Thomas S. and Leonard J. Peters. *Writing Prose: Techniques and Purposes*, 6th ed., Oxford: Oxford University Press, 1986.
Lea, Diana *et al*. *Oxford Learner's Dictionary of Academic English.*, Oxford: Oxford University Press, 2014.
Mitchell, Alanna. *Seasick: Ocean Change and the Extinction of Life on Earth.*, Chicago: The University of Chicago Press, 2009.
Nicholas, J. Karl and James R. Nicholl. *Models for Effective Writing*, 2nd ed., Boston: Allyn and Bacon, 1994.

英語の辞書

英語辞書について

　英語に限らず外国語の学習に辞書が不可欠なことはいうまでもありません。英語に再挑戦するにあたっても、まずは、学習者向けの中型の英和辞書を新たに1冊手に入れることから、始めていただきたいと思います。かつて使った辞書が手元にあっても、改訂版がすでに出ているなら、思い切って新調してください。現代世界の絶え間ない変化を反映して、新たな語や表現が毎日のように生み出されています。英語は変化し続けているのです。

英和辞書を選ぶ

　わが国における近年の英語辞書の充実ぶりには目を見張るものがあります。とくに学習者向けの中型英和辞典は多くの出版社の主力商品となっていて、優れたものも多いようですが、それだけに選ぶのに苦労するかもしれません。選ぶポイントを2、3あげてみます。まずは、辞書の「まえがき」に目を通して、編集方針とその辞書の特色を確認してください。次に、いくつかの語を引いてみて、記述法・記述内容を比較してみること。用例（例文）の記載は多いほうが良いでしょう。語法の説明が充実しているかどうかも大事なポイントです。こんなところでしょうか。2、3冊まで絞れたら、あとは直感で選んでください。辞書に関しては、選ぶこと以上に、選んだ後の付き合い方が肝心なのです。

辞書を使う

　購入した辞書を開いてみましょう。最初に1、2ページほどの「まえがき」と、続いてその辞書についての「解説」（使い方）と凡例などが数ページにわたって記述されていることでしょう。この「まえがき」と「解説」を無視してしまう人が案外多いようなのですが、必ず、一度はじっくり目を通

してほしいのです。学習辞書であれば、学習者にとって役立つ、多種多様な情報が、限られたスペースにコンパクトに記載されています。そのために情報を圧縮するさまざまな工夫がなされています。せっかく辞書を手に入れても、そこに備わる多様な機能を十分に活用しなければ、宝の持腐れに等しくなります。まずは辞書の使い方をよく知ることです。「解説」を読むことが、そのための第一歩です。その先は、ひたすら辞書を引き、引いた項目をしっかり「読む」こと。辞書を引き、読む回数に比例して、英語の力も伸びるものです。

　英和辞書を使う上で、注意願いたいことがもう1つあります。英和辞書では、英語の単語に日本語の相当語句を当てる、すなわち日本語で言い換えるという方式を取ります。英語と日本語は系統の全く異なる言語ですから、「言い換え」によって意味のズレが生じるのは当然です。英語の単語と日本語の相当語句が1対1で対応することはありません。したがって、日本語の相当語句は訳語ではなく、単に説明の1つとして受け取ることです。

英英辞書

　Oxford大学出版やLongman社から、学習者向けの大変に優れた「英英辞典」が出ています。語義の定義は、2000語程度の基本語彙を使って記述されていますから、中級程度の力があれば十分に使いこなせると思います。英和辞書と併用するとよいでしょう。

その他の辞書

　同義語（類義語）辞典や連語（Collocation）辞典などは英和辞書の記述を補うものとして、とくに文章を書く際には重宝します。日本の出版社からも立派なものが出ていますが、学生向けには、やはりOxfordやLongmanに優れたものがあります。

シェイクスピアの名台詞

ウィリアム・シェイクスピア (William Shakespeare, 1564—1616) の作品には、現代では使わない語彙や表現もたくさん含まれています。しかし、シェイクスピアの名台詞は人々に暗唱され、しばしば引用されます。その中でも最も有名な『ハムレット』(1602年頃制作) の中の "To be, or not to be..."(第3幕第1場)の台詞を覚えましょう。翻訳は、「アリマセン、アリマセン……」、「生か、死か……」、「このままでいいのか、いけないのか……」などたくさんの可能性が考えられますが、ここでは小菅隼人訳を載せます。まずは意味よりも、弱強の抑揚をつけて繰り返し音読して名調子を楽しんでください。

映画『ハムレット』(1948) でローレンス・オリヴィエ扮するハムレット。
写真協力：公益財団法人川喜多記念映画文化財団

映画になった『ハムレット』はたくさんありますが、"20世紀のハムレット"といったらオリヴィエでしょう。映画も比較的入手しやすいと思います。

そもそも、シェイクスピアの演劇作品には、人間の内面を暴き出したいという欲求と、それにもかかわらず、ほんとうの内面は行動からはうかがい知れないという確信との二律背反が内包されています。例えば、『リア王』のリアは、長女ゴネリルと次女リーガンの実意のない甘言を信じて自らの破滅を招きますし、『オセロ』では主人公オセロは、イアーゴーの虚言を信じて、外面どおりの誠実な妻を信じることができないのです。さらに、『マクベス』では、反逆者コードーの領主の処刑を告げるマルコムに対して、ダンカン王は「人の顔つきから心の有り様を判断するのはまことに難しい」という感慨をもらしつつマクベスの城へと向かい、結果的に同じ過ちを繰り返すことになります。しかし、シェイクスピア——特に『ハムレット』——を鑑賞する

我々は、その悩みや選択を不可解と思うことはあっても、主人公が何を考えているか全く分からないとは決して感じません。本来は、隠されているはずの（日本演劇では「腹芸」として示されるはずの）内面をシェイクスピアの登場人物は言葉で捲し立てるのです。すなわち、『ハムレット』には、"To be, or not to be..."という演劇史上最も有名な独白をはじめ、7つの大きなモノローグと無数の独り言が挿入され、そこでは選択・思想・倫理をめぐる内面の葛藤が過剰なほど呈示されます。ハムレットは、迷えば迷うほど雄弁になるのです。悩める王子の雄弁な内面……素敵だと思いませんか。

Hamlet：

To be, or not to be, that is the question:
Whether 'tis nobler in the mind to suffer
The slings and arrows of outrageous fortune,
Or to take arms against a sea of troubles,
And by opposing, end them. To die, to sleep—
No more, and by a sleep to say we end
The heart-ache and the thousand natural shocks
That flesh is heir to; 'tis a consummation
Devoutly to be wish'd. To die, to sleep—
To sleep, perchance to dream—ay, there's the rub,
For in that sleep of death what dreams may come,
When we have shuffled off this mortal coil,
Must give us pause; there's the respect
That makes calamity of so long life:
For who would bear the whips and scorns of time,
Th' oppressor's wrong, the proud man's contumely,
The pangs of despis'd love, the law's delay,
The insolence of office, and the spurns
That patient merit of th' unworthy takes,

シェイクスピアの名台詞　Tea Brk.

When he himself might his quietus make
With a bare bodkin; who would fardels bear,
To grunt and sweat under a weary life,
But that the dread of something after death,
The undiscover'd country, from whose bourn
No traveller returns, puzzles the will,
And makes us rather bear those ills we have,
Than fly to others that we know not of?
Thus conscience does make cowards of us all,
And thus the native hue of resolution
Is sicklied o'er with the pale cast of thought,
And enterprises of great pitch and moment
With this regard their currents turn awry,
And lose the name of action.—Soft you now,
The fair Ophelia. Nymph, in thy orisons
Be all my sins rememb'red.

[G. Blakemore Evans *et al.* ed. *The Riverside Shakespeare*, 2nd ed., Boston: Houghton Mifflin, 1997]

ハムレット：
これで良いのか、いけないのか、どちらにしようか。
どちらが崇高な生き方だろうか。
怒り狂った運命から、石を投げられ、矢を射られても、
じっと黙って堪え忍ぶのか、
それとも、大波となって押し寄せる苦難にも、
武器を取って立ち向かい、消え失せるまで後には引かぬか、
どちらが……。いっそ死んでしまえ。ただ眠るだけのこと──
それだけのことだ。
眠ってしまえば、心の悩みも体の痛みも消えてなくなる──

そうだ、これ以上の望みはない。死んで、眠って――
眠れば、夢を見るだろう。それは嫌だ。
この世の苦難から逃れて、死の眠りについて、
その後どんな夢を見るのだろう。
それを考えると心がひるむ。
それを考えるから、苦しんでも苦しんでも生に執着するのだ。
そうでなければ、誰が我慢などするものか。
鞭と罵声に追い立てられるこの世界。
権力者からは弾圧され、思い上がった人間には威張り散らされ、
実らぬの恋を想い悩み、訴訟をすればだらだら長引き、
役人は頭ごなしの居丈高、じっと我慢していれば、
卑しい連中からも冷たい仕打ちを受ける。
鋭い剣の一突きで、全てを終わりに出来るのだ。
誰だって、重荷を背負って、汗水たらし、
ひいひいうめいてこの辛い人生を歩みたくはない。
ただ死後の世界が恐ろしいだけ。
一度境を越えたものは二度と戻れぬ未知の世界。
そう考えるから、思いとどまるのだ。
知らない国に逃げ出すよりは、ここで我慢したほうがまだましだろう？
こうして考え過ぎると人は臆病になる。
はっきり覚悟が決まっても、考えると、再びぐらついてしまう。
どんなに立派な企ても、考えるたびに、決意が鈍る。
そして、何も出来なくなってしまうのだ。待て、静かに。
ああ、美しい、オフィーリア
――女神さま、そのお祈りで私の罪を清めて下さい。

(小菅隼人訳『ハムレット』、西洋比較演劇研究会（編）『新訂 ベスト・プレイズ』所収、論創社、2011 より)

Chapter 2
英文解釈 編

We'll master the English Language

We can do it!

英文を読むには、まず英文解釈の心構えを踏まえて、効率よく文章全体の要点をつかむことが肝要です。この章では、文章の最小単位である「単語」から「文章全体（内容の核）」まで順を追って見ていきます。章末には、英文・日本語訳・英文中のポイントとなる部分の解説があります。

英文解釈の基本と実践

ここでは、英語で書かれた文章を読むための3つの心構えを示します。

英文において最も小さな単位は〈単語＝Word〉です。単語が集まって大抵の場合は主語と動詞を持った〈文＝Sentence〉をつくります。そして文が集まって〈文章＝Passage〉ができます。「文章」という言葉は、文の集まりのことですから、〈段落＝Paragraph〉も指しますし、段落がいくつか集まってできる〈エッセイ＝Essay〉を指すこともあります。

まず、例として大きな文章の中の第一段落を見て、次に文章全体を考えていきましょう。注意してほしいのは、ここで述べるのは「**英文を読む**」ための心得です。英文を書くという視点から言えば、ここで例に挙げる英文よりも、もっと形式的に整った文章があることは言うまでもありません。

では、3つの心構えを見ていきましょう。

心構え1　単語の意味は文全体の中で決まる！

誰でも、英語が読めるようになるために、まずは単語の意味が分からなければならないと考えます。そして単語の意味が分かれば文の意味が分かるし、文の意味が分かれば文章の意味が分かると考えます。つまり、

〈単語：Word〉→〈文：Sentence〉→〈文章：Passage〉が分かった！

という道筋です。

ただし、単語の意味は文の中において決まってきます。例えば、'Light' という単語は英語を習い始めたごく初期に出てきます。意味はご存じでしょう。①光（名詞）、②軽い（形容詞）、③出会う（動詞──ちょっと難しいですね）といった意味でよく使われる単語です。それでは次の文の中ではこの

単語はどのような意味で使われているでしょうか？　ここで引用している文は、大きな文章の中の冒頭部分です。

◆ Sentence A ◆

Light and heavy, long and short, good and bad, right and wrong are all relative terms.
軽重、長短、善悪、是非といった言葉は、相対的な思考から生まれた言葉である。

　ここでは 'Light' の意味は、「軽さ」という名詞としての意味です。なぜ、「光」や「電灯」ではなく、「軽さ」だと分かるのでしょうか？　それは、主として「重い」という意味を持つ 'heavy' という単語と対になっていることによって推測され、続く、'long and short, good and bad, right and wrong ...' という対称的な言葉の組み合わせによって確信が得られます。実は、大部分の辞書には「軽さ」という名詞では載っていないのですが、ここは、「軽い」という形容詞を名詞として用いて主語の一部になっているのです。例えば日本語でも、「美味い」とか「不味い」という言葉は、普段は「美味い（不味い）ラーメン」というように形容詞として使われることが多いのですが、「〈美味い〉〈不味い〉は個人の味覚の問題だ！」などと言う時のように、この文では形容詞が名詞として使われているのです。

　また、この文の最後の単語 'term' も辞書を引くと「表現、言葉、専門用語、学期、期間、関係……」といったさまざまな意味が出てきます。その中で、最適な意味を、この語の前にある 'relative'「相対的な〔思考から生まれた〕」との組合わせと、そこまでに至る 'Light and heavy, long and short, good and bad, right and wrong are all relative...' とのつながりで「言葉」あるいは「関係」を選び出すことになります。ただし、後の箇所では "in relative terms" で「相対的な関係で」という意味になっています。このように文の中の合理的な解釈から考えてLightは「軽さ」ですが、もしかしたら 'relative' とあるから相対性原理の話だとしたら「光と重さ、……」と訳すこともあり

うるかな、と考える人は、天才か変人です。常識に照らして選択肢の中から判断するとすれば「軽さと重さ、……」です。**単語の持ちうる意味の可能性を知っていることと、そこから、文の中において最適な意味を選び出せる力が、文の読解力です。**

以上のように、英文を理解するためには、〈Word〉→〈Sentence〉というプロセスと、〈Sentence〉→〈Word〉という両方のプロセスを並行して使わなければなりません。こういうことを言っているのではないか、と推測しながら読むことが必要になってきます。私たちは単語の持つ意味をできるだけ知って、前後関係によって最も適切な意味を採用します。まず①単語の意味をきちんと覚えていること、あるいは億劫がらずに必ず辞書に頼ること、それとともに、②何を言っているのか、という意味を全体から類推することが英文解釈の第一歩でありゴールでもあります。

心構え2　文は積み重なる：トピックセンテンスを見つけよう！

　文の意味もまた、前後の文との関係によって明確化され、さらに文の塊の中で意味が明確になっていきます。そして、伝えたいことの核心が入った文、すなわち、**トピックセンテンス＝ Topic Sentence（TS）**を見つけることができれば、なぜそこに先立つ文を書いたのか、なぜそれに続く文があるのかが分かります。また逆に、前後の文はトピックセンテンスを納得させるためのものでもあるとも言えます。

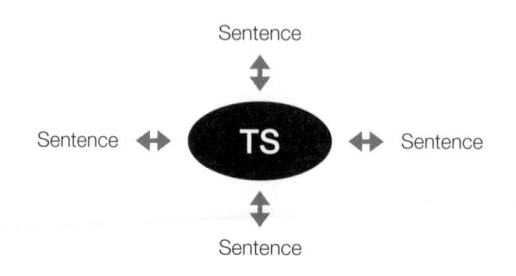

```
                    Sentence
                       ↕
       Sentence ↔    ( TS )   ↔ Sentence
                       ↕
                    Sentence
```

例えば、'Light and heavy, long and short, good and bad, right and wrong are all relative terms.' の意味はとりあえず分かりましたが、皆さんは、どうして「軽重、長短、善悪、是非」などを挙げているのだろう？　と思いませんでしたか？

「軽重、長短」はダイエットの話？　サイズの話？　どうして次に、「善悪、是非」がでてくるの？

この文の次の文は、下のようになっています。（文法的には、'If there were...' の 'were' は仮定法過去と呼ばれるもので、現実にないことを仮定する用法です。昔のことを言っているわけではありません。）

◆Sentence B◆

If there were no light, there could be no heavy; if there were no good, there could be no bad.

もし軽さがなければ重さもない、善がなければ悪もない。

そうりゃそうだ。いや、そうだろうか。軽重は相対的な問題だけれども、「善がなければ悪もない」と言えるだろうか。だって神さまのように絶対的な善はあるだろう。しかし、少なくともこの文の筆者は、善悪も軽重と同じように相対的な問題だと考えているということは分かります。続く２つの文を読むと、このことがさらにはっきり分かります。

◆Sentence C◆

Thus, light is light relative to heavy, and good is good relative to bad. If there were not such relativity between one and the other, we could not debate over light and heavy or good and bad.

かくして、軽さは重さに対して相対的に軽いということであり、善は悪に対して相対的に善いということだ。もしある物とある物の間にそのような相対性がなければ、私たちは、軽重や善悪を論じることができない。

このあたりで著者の主張がはっきりしてきました。著者は、全ては相対的な関係で決まってくるということを主眼にしているのです。つまり、「軽い」とか「重い」とか「善」とか「悪」とかいうこと自体を論じているのではなく、相対的な考え方が重要だと言っているのです。続く文はこの部分の結論です。

◆Sentence D◆

The criterion in terms of which something is judged relatively heavy or good may be called the basis of argumentation.
相対的に重いとか良いとか判断されるような基準は、議論の土台と呼ばれるだろう。

そういうことを言っているのか。それなら、「軽重、長短、善悪、是非」でなくても、「明暗、高低、美醜、寒暖」でもいいわけで、要は、議論のための基準は「相対的な思考」で決まってくるのだから、それをしっかりおさえようということを言っているのだ、ということが分かります。この段落全体の言いたいことが入った文を、先に述べたようにトピックセンテンスと言います。少し補いますと、もちろん、「軽重」、「長短」、「善悪」、「是非」に著者個人の思い出や文化的な含蓄はあるのかもしれません。しかしそれはずっと高度な文学研究の問題です。とりあえずは必要ありません。また、それに賛同するかどうかは別の問題です。絶対的なものに対しては絶対的な態度で、相対的なものに対しては相対的な態度で臨むことを説いたキルケゴールのような人もいますから、まず、相対と絶対の概念自体を根本的に議論しなくちゃ！　と考える人もいるかもしれません。しかし、それも次の段階であり、とにかく、文の読解としては、著者は、相対的な思考を土台において議論を進めようと言っていることを理解する必要があります。

ここまで見てきたように、文はいくつか集まって1つの塊をつくります。この文章の著者は、続く部分で別の例をひいて、ここまで述べてきたことを

英文解釈編 Chap.2

別の言葉で繰り返すことによってさらに読者の理解を確かなものにして、かつ、視野を広げます。

◆Sentence E◆

An old proverb says that "The belly must be saved at the cost of the back." Another asserts, "Sacrifice the small for the large." Thus, in the case of the human body one must protect the stomach even at the expense of receiving a wound on the back, because the stomach is more vital than the back. And in dealing with animals, the crane is of greater value than the loach, so the loach is used as food for the crane.

「背に腹は替えられない」と古くからの諺にある。また、「小の虫を殺して大の虫を助く」という諺もある。かくの如く、人体の場合、腹は背中よりも大切なものだから、人は背中に傷を受けても腹を守るに違いない。そして、動物を扱う時、鶴は泥鰌よりも価値が高いから、泥鰌は鶴の餌に使われるのである。

ここでは、相対性の議論をさらに日常生活に広げて、お腹と背中、小の虫と大の虫、鶴と泥鰌の例を挙げています。もはや皆さんは、なぜ、お腹や背中や虫や鶴や泥鰌が出てくるの？　とは問いますまい。ここは相対性の議論なのです。これは、頭と手足、カブトムシとカナブン、太平洋と水たまりでも構わないのです。

さらに、例が繰り返されますが、今度は社会制度についてです。実はこれこそ、著者が取り上げたい議論の核心で、一見、論点補強のための繰り返しに見えるかもしれませんが、読者を段々と核心に引きずりこむ文章家としての高等技術と言っていいでしょう。でもそのことはとりあえず脇に置いておきましょう。

◆Sentence F◆

In the change from the feudal order, in which the daimyo and samurai lived in idleness, to the system we now have, it may have seemed unnecessary to dispossess those with property and force on them the hardships of the propertyless. But if you think of the Japanese nation and the individual *han* in relative terms, then the nation is important, the *han* unimportant. Abolishing the *han* is the same as putting a greater premium on the stomach than on the back, and taking away the stipends of the daimyo and the samurai is like killing the loach to feed the crane.

大名や武士がぶらぶらと遊び暮らしていた封建時代から現在の制度へと変化した中で、財産をもった人々を一掃して、彼らに無産の苦しみを与えたことは、不必要なことだったかに見えるかもしれない。しかし、もし日本国家と私的な藩を相対的に比べれば、国家が大事であり、藩は小事である。藩を廃止することは背中よりも腹に大きな価値を置くのと同じであり、大名や武士の俸禄を奪うことは鶴のために泥鰌を殺すのと同じである。

　大名や武士を泥鰌に喩えるわけですから、かなり過激な言い方ですが、相対的な視点が必要だということを繰り返し述べつつも、その考察の対象は社会制度の変化についてのものだということに読者を引っ張っていることは、後の部分を読んでいくと明らかになります。
　自分の言いたいことを述べる時に、次のようなタイプに分けられます。まず、①結論を最初に言ってしまい、それに説明や例を加えていくタイプ、次に、②親しみやすい話題を提供して、そこから次々と文をつないでいって最後に結論を述べるタイプです。論文や学術的な文章では圧倒的に①のタイプが多く、また学術論文執筆の授業ではそのように書くように教えられます。一方、もう少し日常的なエッセイや小説では、まず読者が入りやすい話題から入って例や説明を入れながら最後に言いたいことを言う②のタイプが多いです。ちょうど、探偵小説でも、最初に犯人が分かっていて、推理によってそれを追い詰めていく「倒叙もの」と呼ばれる形式と、最初に殺人事件を提

示して、次々に謎が解き明かされて、最後の最後に犯人が分かる形式があるのと同じです。

　この文章（文A～文D、文E、文F）の場合、3つの部分に分かれるとすれば、最初の塊の終わりの部分で論点を明確にし、続く部分でそれを補強しています。

　ここで示した3つの塊は以下のような構造になっています。

第一段落			
第一の塊		第二の塊	第三の塊
導入 Sentence A,B,C	トピックセンテンス Sentence D	補強 Sentence E	補強 Sentence F
軽重、長短、善悪、是非	相対的な視点を議論の土台の基準としよう	お腹と背中、鶴と泥鰌	国家と藩
言いたいこと〈相対的な視点を議論の土台の基準としよう〉			

　この〈言いたいこと〉を捕まえて、文の展開を理解することが大きな文章を読む時の基本です。上に示した文章はこれで1つの〈段落＝パラグラフ〉を作っています。1つのパラグラフは1つの話題を土台にして文を展開し、言いたいことを述べるブロックです。このパラグラフが積み重なってさらに大きな文章になります。

心構え3　段落（＝パラグラフ）は積み重なる！

　建築に喩えれば、段落は文を材料としたブロックです。そして、ブロックを積み上げていき1つの建物を作ります。今度は段落の重なりかたを見ていきましょう。その前にまず、皆さんはこの章末の英文【Establishing a Basis of Argumentation】(p.95～)を読んでみてください。（こんな英文は簡単だ、すぐはっきり分かったと自信を持って言える人はもう先を読む必要はありま

せん。その人は英語の上級者ですから。）それぞれの段落に番号が振ってありますが、これはこれからの説明の必要上、私が付けたものです。そして、段落番号で言えば、全体は、①〜⑤、⑥〜⑦、⑧〜⑪、⑫〜⑮、⑯〜⑰ の5つの部分に分かれています。訳は私が作ったものです。それを一通り読んだ後で次の解説を読んで、もう一度確認してみてください。難しそうだと思っても、とにかく目を通してみてください。

***
（英文を一読した後で）
***

　この文章では、段落①〜⑤にあたる最初のパラグラフ（たち）の役割は2つです。(1)〈大きな話題〉（General statements）を示すこと、(2)〈言いたい主張〉（Thesis statement）を示すことです。〈大きな話題〉とは、この英文全体を貫く話題のことです。1つとは限りませんから複数にしておきます。この英文の〈大きな話題〉は、〈議論の土台を立てること〉です。〈議論の土台を立てること〉という大きな話題が、全ての段落を通じて、この英文の最初から最後まで覆っていなければなりません。途中で全く関係のない、現代の政府の金融政策の話やシェイクスピアの悲劇論になったりしてはいけないのです。これは文のレベルでも、文章のレベルでも同様です。最初に見た段落ではどの文もその話題は〈議論の土台を立てること〉に繋がっていました。そして、段落①〜⑰の文章は全てにこの話題で網がかけられることになります。
　さて、〈大きな話題〉が捉えられたら、今度は、(2)〈言いたい主張〉を考えましょう。これもまた文の塊の全ての部分に出てくるはずです。ただ〈大きな話題〉があくまで「話題」（＝field）、つまり具体的な題材であるのに対して、〈言いたい主張〉は「主張」、つまり著者独自の考えです。それは、この英文①〜⑤を大きな塊と考えた時、第①段落で述べられた「相対的な視点を議論の土台の基準としよう」を含むはずですが、「相対的な視点を

議論の土台の基準としよう」では②〜④をカバーしきれません。それを少し広げた「本源に戻って議論の土台となる基準を定めよう」が〈言いたい主張〉であり、それが①〜⑤を貫いています。それは、①〜⑤のそれぞれの段落の言いたいことの重なる部分を考えることで確認することができます。これが分かれば、①〜⑤の塊は読解できたと言っていいでしょう。

そして、段落⑰までの全体も、大きなレベルでこれと同じ作業をすることになります。結論から先に言ってしまえば、①〜⑰全体において筆者が〈言いたい主張〉は「本源に戻って議論の土台となる基準を定めよう」をもう少し広げて、「議論の土台となる基準を定めよう」ということです。筆者は、英文全体で、この〈言いたい主張〉を読者に納得させる〔説得〕か、科学的な事実に基づいて論証する〔証明〕を進めていくわけですが、いずれにしても、この〈言いたい主張〉がゴールまでの道筋だったということになります。それは、全体を読んではじめて確信できることです。ただし、常に、〈言いたい主張〉は何かな、と推測しながら読むことが大切です。

段落	それぞれの段落の言いたいこと	①〜⑤に共通する主張	〈言いたい主張〉
①	相対的な視点を議論の土台の基準としよう	本源に戻って議論の土台となる基準を定めよう	議論の土台となる基準を定めよう
②	議論の本源に遡って土台の基準を定めること		
③	議論の基準は土台となる立場によって異なる		
④	議論の土台が根本的に違う場合は結局合意に至らない		
⑤	表面的には一致していても議論の土台が異なる場合がある		

〈大きな話題〉議論の土台を立てること

最初の①〜⑤の塊で示されたのは、「議論の土台を立てること」という〈大きな話題〉と「議論の土台となる基準を定めよう」という〈言いたい主

張〉でした。第⑥段落以下の目的は、それにそってさらに、その主張を明確化することにあります。もし、第①段落とそれに続く②〜⑤の部分だけしか読まないとすると、読者は、議論の方法論として相対的視点が有効だ、ということだけを言っているのかなと思うかもしれません。しかし、続く部分を読むと、著者は、議論の相対的基準設定の正しさを主張するためにこの文章を書いているのではなく、むしろ、議論そのものを盛んにするために議論の土台となる基準を定めることを主眼にして、そのための心構えを示そうとしていることが分かります。それは、どこまでも平行線になる極論の衝突を避けること（⑥〜⑦）、単一の視点からの独断を排除すること（⑧〜⑪）、新説、奇説をも容認する多様な議論を認めること（⑫〜⑮）という部分に明確に見て取れます。そして最後に、進歩のために広く議論を行うこと（⑯〜⑰）を結論にしています。ただし注意しなければいけないのは、ここで著者は、〈議論を行うこと〉と〈議論を行わないこと〉を比べて前者を肯定しようとしているわけではなく、議論をすることの価値を疑ってはいないのです。そうではなくて、議論をすることは良いことであるという価値観を前提にして、有効な議論を可能にするための心構えを説いているのです。そしてそのために、議論の土台となる基準を見極めることが必要だというのです。

段落	それぞれの塊の主張	〈言いたい主張〉
①〜⑤	本源に戻って議論の土台となる基準を定めよう	議論の土台となる基準を定めよう
⑥〜⑦	論点を単一化した極論をぶつけあうのは避けよう	
⑧〜⑪	良い面と悪い面しか見ない単眼的な視点をやめよう	
⑫〜⑮	多様な議論を認めて異論を排除しないようにしよう	
⑯〜⑰	広く諸説を聞き議論を興そう	
〈大きな話題〉議論の土台を立てること			

さて、全体の主張が理解できましたら、もう一度英文を読んでみましょう。今度は、各段落から1文ずつ取り上げて文法的な問題を含めて、精査してみましょう。①〜⑰の段落のそれぞれの中で、1文に下線が引いてあります。それに、できるだけ正確な訳文を付けるつもりで読んでください。

解釈のポイントは訳文の後にあります。

Establishing a Basis of Argumentation
Fukuzawa Yukichi

① Light and heavy, long and short, good and bad, right and wrong are all relative terms. If there were no light, there could be no heavy; if there were no good, there could be no bad. Thus, light is light relative to heavy, and good is good relative to bad. If there were not such relativity between one and the other, we could not debate over light and heavy or good and bad. <u>The criterion in terms of which something is judged relatively heavy or good may be called the basis of argumentation.</u> An old proverb says that "The belly must be saved at the cost of the back." Another asserts, "Sacrifice the small for the large." Thus, in the case of the human body one must protect the stomach even at the expense of receiving a wound on the back, because the stomach is more vital than the back. And in dealing with animals, the crane is of greater value than the loach, so the loach is used as food for the crane. In the change from the feudal order, in which the daimyo and samurai lived in idleness, to the system we now have, it may have seemed unnecessary to dispossess those with property and force on them the hardships of the propertyless. But if you think of the Japanese nation and the individual *han* in relative terms, then the nation is important, the *han* unimportant.

Abolishing the *han* is the same as putting a greater premium on the stomach than on the back, and taking away the stipends of the daimyo and the samurai is like killing the loach to feed the crane.

② When investigating things it is necessary to clear away the nonessentials and get back to their source. By doing this, details can be subsumed under general principles and thereby the basis of argumentation can be even more ascertained. Newton, in discovering the law of gravity, first established the principle of inertia (the first law of motion), namely: if something begins to move, it will continue to move without stopping, and if it is stopped, it will remain still and not move until acted upon by an external force. Once he clearly established this law, the principles of motion of all things in the universe must conform to it. Such a "law" can be called a basis of truth. <u>If there were no such law, in debating the principles of motion the opinions on the subject would be of endless diversity.</u> There would be one principle for the motion of ships, another principle for vehicles. The number of items brought into the discussion would merely keep on increasing, and there would be no single fundamental law upon which they all would rest; without someone ultimate principle, nothing could be established with any certitude.

③ Therefore one cannot discuss the right and wrong, the merits and demerits of an issue without first establishing a basis of argumentation. <u>A castle wall will be of advantage to the man who guards the castle, but a hindrance to one who attacks.</u> The enemy's gain is the ally's loss; the convenience of one who is leaving is an inconvenience for one who is coming. Thus, in discussing the merits and demerits of such issues you must first establish the point of view from which you are going to argue; whether as the protector or the defender, the enemy or the ally — whichever it is to be, you must first establish the basis from which you will argue.

④ At all times of human history there have been numerous mutually conflicting views; when you go to their basic positions you will discover they are radically opposed, and this explains the friction between their sets of final conclusions. For example, Shinto and Buddhist positions are always at odds, yet if you listen to what each proclaims, both of them will sound plausible. But when you go to the basic positions of the two, you see that their points of departure are different — Shinto stressing good and ill fortune in the present, and Buddhism preaching the rewards and punishments of the future — and this is why both positions eventually differ. There is disagreement on many points between the Japanese scholars of Chinese Learning and Confucianism, and of those of the Japanese Learning school. Ultimately the fundamental issue that divides them is that the former accept the overthrow of evil rulers by Tang and Wu as correct, and the latter stress the unbroken lineage of the Japanese emperor. This is the only thing that bothers our scholars of Chinese Learning and Confucianism. All the while debating over fringe issues without ever getting down to the essentials, the Shintoists, Confucianists, and Buddhists never pass a day without their disputes. <u>Their debates are as interminable as those arguments over the superiority of the bow and arrow versus the sword and the spear.</u> To reconcile the two sides, there is but one method: point out a new theory more advanced than the ones now held, and people can judge for themselves the relative advantages and defects of the old and the new. Thus, the argument between the proponents of bow and arrow and those of sword and spear was quite heated at one time, but since the introduction of the gun no one argues the point anymore.*

⑤ When two men's original premises differ, there may be certain superficial similarities in what they have to say, but as one pushes them back to fundamentals one comes to a point where they part company. The two seem to agree in their discussions of the merits and demerits of various topics, but as we probe further into their logical grounds, their views go in opposite directions. For example, the obdurate samurai all invariably hate foreigners. Men of a scholarly nature, or at least of some knowledge, may also dislike foreigners because of their conduct. In so far as the latter are displeased with foreigners you can say their opinion agrees with that of the obdurate samurai; but when the source of their displeasure is examined you will find there is a disparity. One group looks on the foreigner as of a different species and hates him regardless of his merits or demerits. The other, somewhat more broad-minded, does not have a sweeping hatred or dislike for foreigners, but he realizes that some harmful effects can follow from dealings with them and feels indignant at the unfair treatment dealt out by so-called "civilized" foreigners. <u>The two groups resemble each other in that they hate certain foreigners, but, since the source of their hatred is different, their ways of dealing with foreigners differ.</u> In short, the arguments of those who advocated expelling the foreigners (*jōi-ka*) and those who advocated opening the country (*kaikoku-ka*) can appear to be similar, but somewhere along the line they divide because of their fundamental premises. Even when human beings are engaged in pleasurable activities, though all may share the same experiences, many nevertheless differ in their likes and dislikes. From a single, superficial observation of what a person does one must not make hasty judgments about his inner disposition.

⑥ Often, when people discuss the pros and cons of a thing, they start by bringing up the two opposite extremes of the argument; both parties are at odds right from the very beginning and are unable to draw closer from that point on. Let me give an example. Nowadays if a person mentions the new theory of equal popular rights, someone of the old school immediately sees it as an argument for a democratic form of government. He asks what will become of Japan's national polity if Japan were now to become a democratic government, expresses fears about the immeasurable harm that will ensue, seems so upset you would think he envisions the country's immediate plunge into political anarchy. From the beginning of the discussion he imagines some far-off future and vehemently opposes the other's argument, without ever investigating what equal rights means or asking what it is all about. On the other hand, the proponent of this new theory right from the beginning considers the defender of the old school as his enemy and attacks the old theory just as irrationally. The argument finally turns into a battle of mutual enemies; a meeting of minds never takes place. It is because they each start from one extreme that such conflict arises.

⑦ Let me give a parallel closer at hand. There were two men, one a tippler, the other a teetotaler. The tippler hated rice-cake, the teetotaler hated sake. Both expounded on the harmfulness of what they disliked and advocated its abolition. To counter the tippler's argument, the teetotaler said that if rice-cake were judged harmful, it would mean abolishing a national custom of several hundred years' standing in our country; on the first day of the New Year Japanese would have to eat boiled rice with tea. All rice-cake makers would be put out of business, and the growing of rice for rice-cake would have to be prohibited everywhere in the country. He concluded that this should not be done. The tippler, in refutation of the teetotaler, said that if sake were considered harmful, all the sake shops in the land would immediately have to be demolished, and anyone who became intoxicated would have to be given a stiff penalty. In all medicines one would have to substitute sake porridge for the distilled kind, and water cups would have to replace sake cups in the wedding ceremony. He felt that this should not be done. In this manner, when the two extremes of differing views confront each other, they necessarily clash; agreement is impossible. This eventually leads to disharmony between men and produces great harm in society. Japanese history is full of such examples. When such disharmony arises between scholars and gentlemen, the battle is conducted with tongue and pen; a theory is propounded, a book is written, people are persuaded by so-called abstract theory. But the uneducated and illiterate are unable to resort to the tongue and pen, and many, dependent on physical force, are apt to turn to such methods as assassination.

⑧ When two people argue, they attack only each other's weak spots and make it impossible for either party to show his true self. These weak spots are the bad aspects which always accompany a person's good points. For example, countryfolk are honest, but pig-headed, while townsmen are clever, but insincere. Honesty and cleverness are virtues in men, while pig-headedness and insincerity are their attendant evil aspects. When you hear arguments between country folk and townsmen, you find that many of their disputes stem from this difference. The countryman sees the townsman and calls him an insincere smart aleck, while the townsman ridicules the countryman and calls him a stubborn lout. Both parties are closing one eye to the other's good points and seeing only his bad side. If both sides could be made to open both eyes, with one eye observing the other fellow's virtues and with the other seeing his faults, perhaps the virtues and faults would cancel each other out and their dispute could be reconciled. The virtues might completely make up for the faults and the quarrel subsides. Also, by seeing each other in a friendly light, in the end the two might both profit from each other.

⑨ Scholars are no different. For example, the schools of thought in our country at the present time can be divided into two groups, the conservatives and the reformers. The reformers are quite keen in their judgment and open to progressive ideas, while the conservatives are caution-minded and desirous of holding on to the old. The latter exhibit the defect of stubbornness, while the fault of the former is a tendency toward rashness. Yet there is no law necessarily linking sober-mindedness with stubbornness, or keenness of mind with rashness. After all, there are those who drink sake without becoming drunk and those who eat rice-cake without getting sick. Sake and rice-cake do not invariably lead to intoxication or upset stomachs. Whether they do or not depends entirely on how a person regulates his use of them. Consequently, conservatives do not have to hate reformers, and reformers do not have to scorn conservatives. You have four things involved here: sober-mindedness, stubbornness, keenness of mind, and rashness. Put sober-mindedness and rashness, or keenness of mind and stubbornness, together, and they will always clash and be mutually inimical. But put sober-mindedness and keenness of mind together, and they will always get along well with each other. Only when you get such compatibility will the true selves of both parties be manifested and their antipathies gradually disappear.

⑩ During the Tokugawa's reign there was constant friction between those retainers of a daimyo who lived in the *han* quarters in Edo and those who stayed in the *han* territory — they were practically like two enemy forces within the same *han*. This was another example of true selves not being revealed.

⑪ Such evils will naturally be eliminated as man's knowledge progresses, but the most effective way to eliminate them is through constant intercourse in society. What I mean is that, if there is any opportunity for two people to come together — whether it be in business or in academic circles, in a drinking bout or in a legal dispute, in everyday quarrels or even in wars — and to express frankly in word and deed what is in their hearts, then the feelings of both parties will be soothed, and each will, in effect, open both eyes and be able to see the other fellow's merits. <u>The reason intellectuals today are advocating the creation of popular assemblies, speech clubs, a better road system, freedom of the press, and the like is that these are of particular importance as aids to intercourse between men.</u>

⑫ In all discussions people will have diverse opinions. If opinions are of a high level, the discussion will be at a high level. If the opinions are shallow, the discussion will also be shallow. When a person is shallow he tries to refute the other side before both sides have come to the heart of the matter — this results in the two viewpoints going in opposite directions. For example, if today there were to be a discussion of the pros and cons of dealing with foreigners, both A and B might be in favor of opening the country, and their ideas might appear to be in agreement. But as A begins to explain his ideas in detail and starts getting more and more abstruse, B will begin to take offense and, before you know it, the two will be at odds. B, a common man, is probably only repeating commonly heard views. Since his ideas are quite shallow, he is unable to fathom the main point of the discussion; suddenly hearing a more abstruse statement, he loses his bearings completely. Things like this happen often. The situation can be likened to that of a person with a weak stomach who, when he takes some nourishing food, cannot digest it and instead gets sicker. One must not jump to a hasty conclusion from this simile; it might seem that advanced discussion brings only harm and no good whatsoever, but this is not true. <u>Without advanced discussion, there would be no bringing those who are backward to a</u>

more advanced stage. Prohibit nourishing food because a patient has a weak stomach, and the patient will eventually die.

⑬ Throughout history, the above type of misunderstanding between people has produced many regrettable situations. Consider the people of a particular era: in any country at any time there are very few who are either extremely stupid or extremely intelligent. The majority fall between these two extremes; shifting with the times, with neither blame nor merit, they spend their whole lives blindly following the crowd. Such people constitute the so-called "common man." They are the source of so-called "public opinion." Neither reflecting upon the past nor looking ahead to the future, they simply react to their immediate circumstances — as if their heads were locked in a fixed position. Today there are many such people — and their voices are loud. They would limit discussion in the country to their ideas and brand anything that departs even slightly from their scheme of things as unorthodox. What kind of minds do they have, these people who squeeze everything into their own frame of reference and try to force all discussion to follow a straight line? If they were allowed to have things their way, what possible use to the nation would such "intellectuals" be? <u>On whom would we be able to rely for looking into the future and opening the door to civilization?</u> Such is their gross misunderstanding.

⑭ Consider if you will how, since ancient times, progressive steps in civilization were always unorthodox at the time they were first proposed. When Adam Smith first expounded his economic theory, did not everyone condemn it as heresy? Was not Galileo punished as a heretic when he articulated his theory of the earth's rotation? Yet with the passage of time the mass of "common men," guided by the intellectuals, were, before they knew it, drawn over to the side of these "heresies"; as a result, at our present stage of civilization even school children entertain no doubts about the theories of modern economics and the earth's revolution. Doubt these theories? <u>We have reached a point where anyone who questioned them would be regarded as a fool and counted out of society!</u> To take a more proximate example: just ten years ago our solidly entrenched feudal system, in which 300 daimyo each governed independently and held the power of life and death over his subjects by reason of a clear distinction between lord and vassal, high and low, was thought to be a thing that would endure forever. Yet in an instant it crumbled and was replaced by the present imperial system. Today no one considers this new system strange, but if ten years ago a warrior within a *han* had proposed such measures as the abolition of the *han* and the establishment of prefectures, do you think for an instant the *han* would have debated the matter? Why, the man's very life would have been in immediate jeopardy!

⑮ Thus the unorthodox theories of the past become the commonly accepted ideas of the present; yesterday's eccentric notions become today's common knowledge. Therefore the unorthodox views of today will most certainly become the common ideas and theories of the future. Without fear of public opinion or charges of heresy, scholars should boldly espouse what they believe. Even when another's thesis does not square with your own, try to understand his intention and accept those points which can be accepted. Let those points which do not merit acceptance run their course, and wait for the day when both positions can be reconciled, the day when the basis of argumentation will be the same. <u>Do not try to pressure others into your own way of thinking, nor try to induce conformity in every discussion, everywhere.</u>

⑯ In conclusion, in order to discuss the merits and demerits of a matter, one must first consider whatever bears on its merits and demerits and then settle which are heavy, which light, which good, which bad. Discussing the merits and demerits of a matter is simple, but it is quite difficult to establish what is heavy, light, good, or bad. One cannot argue the good of the nation from the advantage of one individual. One must not discuss what is convenient for the coming year and err in plans for a hundred years ahead. One must listen to all theories, old and new; obtain extensive knowledge about conditions in the world; judge, without prejudice or personal feeling, where the highest good lies. Breaking through a thousand obstacles and remaining unfettered by the bonds of public opinion, one must occupy a lofty vantage point, from which to look back upon the past and to cast a sharp eye to the future.

⑰ Now, while it has not been my intention to pre-determine a basis of argumentation, to point out how to arrive at it, and then to force everyone to agree with my view, I do wish to ask one question of every man in this land. It is simply this: Are we at this time to go forward, or are we to turn back; to go forward and acquire civilization, or to turn back to a stage of primitivity? If you are of a mind to go forward, then perhaps my discussion ought to be read. Still, it is not my purpose to explain how actually to attain civilization. That I leave to the devices of my readers.

....

* Listen to Shinto priests and they will tell you that, since there are burial ceremonies in Shinto, they too preach a doctrine of future life. Buddhist priests will tell you that, since they have offerings and prayers in such sects as the Hokke [branch of Japanese Buddhism founded by Nichiren (1222–82), who emphasized the teachings of the LotusSutra (*Hokkekyō*)], they too value present good and ill fortune. It is a highly complicated argument. But these things are due to the commingling of Shinto and Buddhism since ancient times. Buddhists try to mimic Shinto priests, and the Shintoists try to take over monkish offices. But when one discusses the general thesis of the two teachings, it is clear from observing their customs of a thousand years that one stresses the future and the other the present. Nowadays it is not worth listening to their long-winded arguments.

(Translated by David A. Dilworth and G. Cameron Hurst, III)

日本語訳 　議論の土台を立てること
　　　　　　　　　　福澤諭吉

① 軽重、長短、善悪、是非といった言葉は、相対的な思考から生まれた言葉である。もし軽さがなければ重さもない、善がなければ悪もない。かくして、軽さは重さに対して相対的に軽いということであり、善は悪に対して相対的に善いということだ。もしある物とある物の間にそのような相対性がなければ、私たちは、軽重や善悪を論じることができない。相対的に重いとか良いとか判断されるような基準は、議論の土台と呼ばれるだろう。「背に腹は替えられない」と古くからの諺にある。また、「小の虫を殺して大の虫を助く」という諺もある。かくの如く、人体の場合、腹は背中よりも大切なものだから、人は背中に傷を受けても腹を守るに違いない。そして、動物を扱う時、鶴は泥鰌よりも価値が高いから、泥鰌は鶴の餌に使われるのである。大名や武士がぶらぶらと遊び暮らしていた封建時代から現在の制度へと変化した中で、財産をもった人々を一掃して、彼らに無産の苦しみを与えたことは、不必要なことだったかに見えるかもしれない。しかし、もし日本国家と私的な藩を相対的に比べれば、国家が大事であり、藩は小事である。藩を廃止することは背中よりも腹に大きな価値を置くのと同じであり、大名や武士の俸禄を奪うことは鶴のために泥鰌を殺すのと同じである。

② 物事を考察する時、枝葉末節を取り払いその本源に遡ることが必要であ

る。これをすれば、細部は大きな原理の内に包含され、議論の土台はさらに明確になる。ニュートンは、万有引力の法則を発見した時、最初に慣性の法則（運動の第一法則）を確立した。すなわち、ある物が動き始めれば、それは動き続け、あるものが止まっていれば、外的に力を加えられない限りいつまでも止まっている。一度、彼がこの法則を確立した時、宇宙におけるあらゆるものの運動の原理はその法則によるものとなった。このような「法則」は真実の土台である。もしこのような法則がなければ、運動の原理を論じる時、その話題についての意見は際限なく出てくるだろう。船には船の原理があり、車には車の原理があるということになる。俎上に載せられる議題は増え続け、彼らがよるべき統一した基本法則を得られないだろう。統一した究極の法則がなければ、確実に立てられるものはなくなるだろう。

③ だから、最初に議論の土台を定めなければ、事柄の是非、利害得失を議論することはできない。城壁は城を守る者には利点があるが、城を攻める者には障害になる。敵の利益は味方の不利である。去る者の便利は、来る者の不便である。かくの如く、このような話題の利害得失を論じる時は、最初に論じようとする視点を確立する必要がある。守る者か攻める者か、敵か味方か、いずれにしても、議論の土台を定めなければならない。

④ 人類の歴史上常に多くの相争う視点があった。その土台となる立場まで遡れば、彼らが根本的に対立していることが分かるし、それ故に彼らの一連の結論の間の葛藤の理由が分かるだろう。例えば、神道と仏教の立場は常に食い違っているが、両者の説を聞けば、両方とも理に適っているように聞こえるのである。しかし、両者の土台まで見れば、彼らの出発点から異なっているのである——神道は現在の吉凶に重きを置き、仏教は未来の禍福を説く——これによって両者は結果的に異なるのである。漢儒者と和学者の間にも多くの争論がある。究極的には彼らを争わせている土台は、漢儒者は湯や武王による悪政者の討伐を是として受け入れるのに対し、和学者は天皇の万世一系に重きを置く。漢儒者を困惑させ

るのはただこの点だけである。根本に戻らず周縁の物事だけを議論している間は、神道、儒学、仏教は争論せずに1日も過ぎることはない。彼らの議論は、弓矢と刀槍のどちらが優れているかという議論と同じく果てることがない。その両者を和解させるためには、1つの方法しかない。現在よりもさらに進んだ理論を提示して人々が各自判断することである。かくして、弓矢と刀槍の間の論争は一時期盛り上がったけれども、銃が導入されてからは議論するものはいなくなった。*

⑤ 2人の人物の元の前提が違っている時、言うことにどこか表面的に似たところがあるかもしれないが、土台まで遡ってみればどこで彼らが違ってきたかを指摘することができる。その2人は、様々なトピックの得失において、議論の中で合意に達するように見えるが、論理的基盤をさらに探ってみれば、彼らの見解は反対方向に向かっていることが分かる。例えば、頑迷な侍は全て例外なく外国人を憎む。学識を持った人々、少なくとも何らかの知識をもった人も、その行動ゆえに外国人を嫌うかもしれない。後者が外国人を嫌う限りにおいては、彼らの意見は頑迷な侍に一致していると言えるだろう。しかしその嫌悪の源が検討されれば、そこに隔たりがあることに気づくだろう。あるグループは外国人を異人種と見なし、得失に関係なく彼を嫌う。他のグループは、もっと寛容で、全面的に外国人を憎み嫌悪しているわけではなく、外国人の扱い方からある有害な影響が出ていることに気づき、いわゆる「文明化された」外国人による不公平な扱いに憤慨するのである。2つのグループは外国人を嫌うという点では似ているが、彼らの嫌悪の源が違っているから、彼らの外国人の扱いも違ってくる。要するに、外国人排斥を唱える人々（攘夷家）の議論と開国を唱える人々（開国家）の議論は同じように見えるけれども、前提が違うのだからある時点で分かれることになる。人が娯楽に興じている時でさえ、同じ体験をしているようでいて、多くは好き嫌いにおいて差がある。人々の行動を単一で表面的な観察をすることで、人の内面まで性急に判断するべきではない。

⑥　しばしば、人々は物事の賛否を論じる時に、2つの正反対の極論を出して始めることがある。その両派は最初から相争い、その時点から歩み寄ることはできない。例を挙げよう。今日、人民の平等についての新説に言及すれば、旧派の誰かはすぐさまそれは政府の民主政体の議論と見るだろう。彼はもし日本が民主政体になれば、日本の国体はどうなるだろうかと問い、それに続く量りない害毒への恐怖を表明し、その人は国家の無政府状態化を夢見ているとして激怒するであろう。議論の最初から、彼はある遠い未来を想像し、平等の意味を精査せず、それがどういうことかを問いもせずに他者の議論に猛反発するだろう。一方、この新説の提唱者は最初から守旧派を敵と見なし、旧説を不合理として糾弾する。議論はついに両者の敵対へと発展し、合意は決して訪れない。それは、彼らがこのような争いを招く極論から出発しているからである。

⑦　手近にある同様の例を挙げてみよう。2人の男がいて、1人は酒客、もう1人は下戸だった。酒客は餅を嫌い、下戸は酒を嫌った。両者とも自分が嫌いな物の害を詳しく説明し、その廃止を主張した。酒客の議論に対して下戸は、もし餅が有害ならば、我が国に何百年も前からある国民的習慣をやめて、元旦に茶漬けを食べなければならないと言った。全ての餅屋は廃業に追い込まれ、もち米の栽培は日本全国で禁止されなければならない。こんなことはされるべきではないと彼は結論した。酒客は下戸への反駁として、もし酒が有害ならば、国のあらゆる酒屋はすぐさま廃業されなければならず、酒に酔う者は厳罰を科されなければならなくなるだろうと言った。薬品には酒精の代わりに甘酒を用い、水盃が結婚式の酒盃の代わりに用いられなければならなくなると言った。彼はこういうことが行われるべきではないと思った。このように、2つの極論が衝突する時、それらは必ずや争いを起こす。合意は不可能である。これは結果として、人々の不和となり、社会に害悪をもたらす。日本の歴史にこのような例は数多くある。このような不和が学者・紳士の間で起こる時は、その争いは口頭と文筆によってなされる。理論が提示され、本が書かれ、人々はいわゆる空論によって説得される。しかし、無学文

盲の人々は口頭・文筆に訴えることができず、多くは腕力に頼り、暗殺のような手段に訴えることもあるだろう。

⑧ 2人が議論をする時、彼らはお互いの短所を攻撃するばかりで、両派が真意を語ることを不可能にしてしまう。これらの短所は、人の長所に伴う弱点である。例えば、田舎人は正直だけれども頑固であり、都会人は利口だが不誠実である。正直と利口は人の良い面だが、頑固と不誠実はそれに伴う悪い面である。田舎人と都会人の議論を聞けば、彼らの論争の多くはその違いから出てきていることに気づくだろう。田舎人は都会人を見て不誠実なうぬぼれ屋と呼ぶだろうし、都会人は田舎人を嘲って無骨者と呼ぶだろう。両者とも双方の良い面には目をつぶり悪い面ばかり責めている。もし両者が両目を開かれ、一方の目で相手の長所を見て、他方の目で相手の短所を見るならば、多分、長短は相殺して彼らの論争は和解に至るだろう。長所は短所を補い、論争は止む。また、互いを友愛の目で見ることで、結局は両者はお互いから利益を得ることになる。

⑨ 学者もこれに変わりない。例えば、我が国の諸学派は守旧派と改革派の2つのグループに分かれている。改革派は判断に鋭敏で進歩的考え方を取り、守旧派は慎重にして保守的な志向を持っている。後者は頑固の欠点を示す一方、前者の欠点には性急な傾向がある。しかし、分別と頑固は必ずしも結びつくものではなく、鋭敏と性急も結びつくものではない。結局、酩酊せずに酒を飲む者も、食傷せずに餅を食べる人もいるのである。酒と餅は常に酩酊や食傷に至るものではない。そうなるかならないかは、ひとえにその人がそれをいかに節制して用いるかにかかっている。結果として、守旧派は改革派を憎む必要はなく、改革派は守旧派を軽蔑する必要はない。ここには4つの要素がある。分別、頑固、鋭敏、性急である。分別と性急、鋭敏と頑固を組み合わせれば、彼らは常に衝突し、お互いに反目するだろう。しかし、分別と鋭敏を組み合わせれば、彼らはお互いに携えあっていくだろう。そのような組合わせを得た時のみ、両派の真意は現われ、彼らの敵意は徐々に解消していくだろう。

⑩ 徳川時代、江戸藩邸住まいの大名の家臣と国許の家臣の間に摩擦が絶えなかった。彼らは実際、同じ藩の中の仇敵同士のようであった。これは真意が現われなかった別の例である。

⑪ このような悪弊は人の理解が進めば自然と解消するものではあるが、これを取り除く最も有効な手段は社会における人と人との絶え間ない交際である。ここで言いたいのは、仕事であろうと、学校であろうと、宴会であろうと、法廷であろうと、日常の口論であろうと、戦争であろうと、2人の人間が会う機会があり、言葉や行動で率直に自分の心を表現すれば、両派の心情は和らぎ、結果的に、両者はお互いに両目を開かれ、他者の長所を見ることができるようになるだろう。今日、識者が人民の集会、演説会、道路網の整備、出版の自由などを唱道するのは人々の交際の助けとしてこれらが特に重要だからである。

⑫ あらゆる議論において、人々は相異なった意見を持っている。もし、意見が高遠であれば、議論も高遠である。もし意見が浅薄であれば、議論もまた浅薄である。もしある人が浅薄であれば、彼は両者が物事の核心に至る前に他者に反駁しようとする――結果として2つの視点は反対方向に向かうことになる。例えば、もし今日、外国人の扱いの賛否が議論になったとすれば、AもBも開国に賛成し、彼らの考えは一致するように見えるかもしれない。しかし、Aが自分の考えを詳細に説明し始め、どんどんと高遠になった時、Bは気分を害し、知らないうちに両者は不和になることがあろう。一般人であるBは多分普通に聞いた意見を繰り返していただけである。彼の考えは甚だ浅薄なので議論の主眼点を探り当てることができない。突如、彼は高遠な主張を聞き、進路を見失ったのである。このようなことはしばしば起こる。胃弱の者が栄養価の高い物を食して消化が出来ず体調を崩すのと似ている。この比喩から性急な結論を出してはいけない。高遠な議論は有害無益なように見えようとも、それは違う。高遠な議論なしでは、後輩たちをより進んだ段階に進ませることはできない。患者が胃弱だからと言って、栄養価の高い食物

を禁じれば、その患者はやがては死に至るだろう。

⑬ 歴史を通じて、人々の間の上記のタイプの誤解は多くの悲惨な状況を作りだしてきた。特定の時代の人々を考えてみよう。どんな時代、どんな国でも、極端に愚か、あるいは、極端に賢い人々はめったにいない。大多数はこの極端の間のどこかにいる。時代が移っても、罪もなく功もなく、彼らは大衆に従って盲目的に人生を過ごしている。このような人々がいわゆる「一般人」を構成している。彼らが「世論」の源である。過去を振り返ることも未来を見通すこともなく、彼らは単に自分たちの置かれた環境に反応している——あたかも彼らの頭は一か所に固定されているかのようである。今日、多数のこのような人間がいる——彼らの声は大きい。彼らは国の議論を自分の考えに限定し、自分の枠組みから少しでも外れるものは異端妄説という烙印を押す。あらゆるものを自分の理解できる枠組みに嵌めすべての議論を直線的に推し進める彼らはどのような精神を持っているのだろうか。もし彼らが独自の道を許されたら、「智者」は国に対してどのような益があるだろうか。我々は未来を見通し文明への扉を開くことを委ねるのに誰に頼ればいいのだろうか。彼らの大いなる誤解とはこのようなものである。

⑭ 古来より、文明の発展段階において、当初文明の進歩が出現した時は、常に異端妄説であったことを考えてみてもよかろう。アダム・スミスが最初にその経済理論を唱えた時、皆がそれを妄説として非難したのではなかったか。地動説を唱えた時、ガリレオは妄説の徒として処罰されたのではなかったか。しかし、時が経って、大多数の「一般人」は、知識人に導かれて、我知らず「妄説」の側に引き寄せられた。結果として、現在の我々の文明段階においては、生徒でさえも疑いなく、現代の経済理論や地動説を享受している。これらの説を疑うだろうか。我々はそれに疑問を挟むものは愚人扱いされ、社会から放擲される段階にまでなっている。より近い例を考えてみよう。ほんの10年前は、300の大名が独立して国を治め、主君と家臣、上下身分の明確な区別の下で、家臣に対し生殺与奪の権を持っていた堅固な封建システムは永遠に続くものと

思われていた。しかし、あっという間にそれは粉砕され現状の君主制に取って代わられた。今日、誰もこの新しいシステムを奇妙だとは思わないが、もし10年前に藩士が藩を廃し、県を置く施策を提案したら、藩は即座にその案を採用したと人々は思うだろうか。いや、その藩士の命はすぐさま危機に晒されただろう。

⑮ かくして、過去の異端妄説は現在の通説となっている。昨日の奇説は今日の常識となっている。したがって、今日の異端妄説も確実に未来の通説常識になるであろう。妄説との一般の意見や非難を恐れず、学者は大胆に自分の信じるところを唱えるべきである。他人の主張が自分の主張と一致せずとも、彼の意図を理解し、受け入れられるところは受け入れるがよい。受け入れるに値しない点はしばらくそのままにして、双方の立場が一致し、議論の土台が同じになる日を待つようにするがよい。他人を自分の考え方に無理やり合わせたり、あらゆる議論、あらゆる場所で、一致を導こうとしてはならない。

⑯ 結論として、物事の利害得失を論じるためには、まず最初にその利害得失とどのような関係をもつかを議論し、その後、何が重く、何が軽く、何が善く、何が悪いかを定めなければならない。利害得失を論じるのは簡単だが、軽重、善悪を定めることは難しい。個人の利益から国益を議論することはできない。来年の便・不便を論じて百年の計を誤ってはいけない。旧説、新説、あらゆる説を聞かなければならない。世界情勢について広範な知識を持たなければいけない。偏見や個人的感情に捉われずに、どこに至善があるかを判断しなければいけない。千の障害を乗り越え、大衆の意見に束縛されず、至高の視点に立って、そこから過去を振り返り、未来に鋭い視線を向けるべきである。

⑰ 今や、議論の土台をあらかじめ定め、どのようにそこに至るかを指摘し、私の意見に万人を従わせることは私の本意ではないが、この国のあらゆる人々に私は問いたい。単純に言えばこうである。現時点で、前に進むべきか、戻るべきか。前に進んで文明を獲得するか、退いて野蛮の時代

に戻るか。前に進もうとするならば、私の議論にも読まれるべき点があるだろう。それでも、具体的にどのように文明を獲得するかを説明するのは私の目的ではない。それは我が読者の工夫に委ねることにしたい。

....

＊　神官にきけば、神道にも神葬祭があるから、彼らもまた来世の原理を説くと言う。僧侶は、法華のような宗派［日蓮（1222-82）によって設立された仏教宗派で、日蓮は法華経の教えを重要視した］では加持祈祷を行うから、現世の吉凶を重んじると言うだろう。これは非常に複雑な議論である。しかしこれらは古代よりの神仏混淆に由来する。僧侶は神官を模倣しようとし、神官は僧侶の職分を獲ろうとしたのである。しかし、この２つの教えの一般的主題について議論する時、一方が未来に重点を置き、他方が現在を重んじていることは、1000年にわたる彼らの習慣を観察すれば明らかである。今日、彼らの長く曲がりくねった議論を聞く価値はない。

☆英文下線部分解説

① The criterion in terms of which something is judged relatively heavy or good may be called the basis of argumentation.
（相対的に重いとか良いとか判断されるような基準は、議論の土台と呼ばれるだろう。）

シンプルな文に還元して考えることが英文読解の第一のコツです。この文は、The criterion may be called the basis of argumentation.「その基準は議論の土台と呼ばれるだろう。」という文が基本です。まずこれをしっかり押さえましょう。[in terms of...]は成句で「〜の面で」「〜についての」という意味です。そして、The criterion を [in terms of which something is judged relatively heavy or good] が修飾していると考えてください。[which] は関係代名詞です。つまり、文と文をつなぐ（＝関係）代名詞（＝名詞の代わり）です。ですから、元の名詞である [the criterion] を戻してやると [in terms of the criterion something is judged relatively heavy or good]（その基準との関係で物事は比較的重いとか軽いとか判断される）となりますから、「その基準（その基準との関係で物事は比較的重いとか軽いとか判断される）は議論の土台と呼ばれるだろう。」となります。訳文は自然に流れるように作りなおしてください。

② If there were no such law, in debating the principles of motion the opinions on the subject would be of endless diversity.
（もしこのような法則がなければ、運動の原理を論じる時、その話題についての意見は際限なく出てくるだろう。）

ここでのポイントは仮定法です。仮定法は、動詞の形態から、①仮定法現在、②仮定法過去、③仮定法過去完了の3種類に分類されます。ここは、形が過去形ですから、仮定法過去です。仮定法過去は、現在のことを指し、「現実と異なること、現実においてありえないこと」を意味します。実際、運動の法則は今あるわけですから、現在の状況に反することを仮定していることになります。＜If…過去形…，…過去形助動詞…＞というパターンを覚えましょう。[in debating the principles of motion] の、[in... ing] は、「～の時」という意味になります。

③ A castle wall will be of advantage to the man who guards the castle, but a hindrance to one who attacks.
（城壁は城を守る者には利点があるが、城を攻める者には障害になる。）

ここでは、[a hindrance] の前に省略されているものを考えましょう。これは名詞ですから、これより前の名詞を探して、それと同格になっていると考えれば、可能性としては3パターンあります。[be of advantage] は、〈[of]＋名詞＝形容詞（advantageous）〉というパターンです。この文章にはたくさん出てきます。

115

㋐　A castle wall will be of advantage to the man who guards ***
㋑　A castle wall will be of advantage to ***
㋒　A castle wall will be of ***

*** のところに [a hindrance to one who attacks.] を入れてみて、どれが一番自然に流れるかを考えてください。㋒だということが分かってもらえると思います。

④ Their debates are as interminable as those arguments over the superiority of the bow and arrow versus the sword and the spear.
（彼らの議論は、弓矢と刀槍のどちらが優れているかという議論と同じく果てることがない。）

前の [as] は「と同じくらい」という意味の副詞、後ろの [as] は前後の文を繋いでいる接続詞だということをおさえておきましょう。実際、難しいのは、[those arguments over the superiority of the bow and arrow versus the sword and the spear.] の部分かもしれませんが、ここは [over] が「〜についての、〜をめぐって」という意味であることをしっかり押さえておくことが重要です。[over] は例えば、It is no use crying over spilt milk.（こぼれたミルクを嘆いてみても仕方がない——取り返しのつかないことはくよくよしても無駄だ）［格言］という時の [over] と同じです。

⑤ The two groups resemble each other in that they hate certain foreigners, but, since the source of their hatred is different, their ways of dealing with foreigners differ.
（2つのグループは外国人を嫌うという点では似ているが、彼らの嫌悪の源が違っているから、彼らの外国人の扱いも違ってくる。）

[in that] は「〜という点では」という熟語的な群接続詞（2語以上が一緒になって1つの接続詞の役目をする）だと考えてください。[since] は理由

を表わす接続詞です。最後の [differ] というのがちょっと嫌ですよね。"Tastes differ." という言い方があります。「趣味は人によって異なる」という意味です。[differ] は、主語に複数の名詞を伴って「〜は互いに異なる」という意味になります。

⑥ He asks what will become of Japan's national polity if Japan were now to become a democratic government, expresses fears about the immeasurable harm that will ensue, seems so upset you would think he envisions the country's immediate plunge into political anarchy.
（彼はもし日本が民主政体になれば、日本の国体はどうなるだろうかと問い、それに続く量りない害毒への恐怖を表明し、その人は国家の無政府状態化を夢見ているとして激怒するであろう。）

[what become of...] は成句で「〜は一体どうなる」という意味です。ここでは、②で出てきた仮定法過去が出てきます（[were] と [would]）。ただし、主節は前にあって、[will] が使われています。[asks... expresses... seems...] と3つの動詞が、共通の主語である冒頭の [He] を持っていることを見ぬくことが一番難しいかもしれません。

⑦ Let me give a parallel closer at hand.
（手近にある同様の例を挙げてみよう。）

この [give] は第4文型をとる動詞ですが、ここでは目的語（parallel）は1つです。[closer] は [at hand]（手近に）を修飾しているのです。[parallel] のスペリングも注意しましょうね。1つの単語の中にl(エル)が3つも入っています。

⑧ When two people argue, they attack only each other's weak spots and make it impossible for either party to show his true self.
（2人が議論をする時、彼らはお互いの短所を攻撃するばかりで、両派

が真意を語ることを不可能にしてしまう。）

　後半の、[make it impossible for either party to show his true self] の部分をみてみましょう。I make **it** a rule to get up at seven every morning.（私は毎朝7時に起きることをルールにしている。）では、[it] は後ろの下線部分を指しています。下線部分を [it] のところに入れてしまうと [make... rule] が離れ過ぎてしまい、意味が分かり難くなるので、仮の目的語として [it] を置いたのです。ここでは [it] は [for either party to show his true self] を指しています。[for either party] はすぐ後の不定詞（to show his true self）の意味上の主語です。

⑨ The reformers are quite keen in their judgment and open to progressive ideas, while the conservatives are caution-minded and desirous of holding on to the old.
（改革派は判断に鋭敏で進歩的考え方を取り、守旧派は慎重にして保守的な志向を持っている。）

　この文は、[quite keen] と [open] が同格で、主語は「改革派」です。後半では、[caution-minded] と [desirous] が同格で、主語は「守旧派」です。[of holding on to the old] がこの両方につくのか、[desirous] だけにつくのかは迷うところですが、[desirous] だけとしなければ意味が通りません。それに、改革派については、まずその性格を述べて、次に行動に触れました。守旧派についても同じように考える方が形式上も整っています。

⑩ This was another example of true selves not being revealed.
（これは真意が現われなかった別の例である。）

　ここでは [true selves] が [not being revealed] の意味上の主語になっていると考えてください。「〈真意〉が〈現われない〉= [true selves is not revealed]」というのが [being] という分詞によってギュッとつまって、[of] に続いています。of 以下は5語から成っていますが、全体として1つの塊を作っています。

⑪ <u>The reason intellectuals today are advocating the creation of popular assemblies, speech clubs, a better road system, freedom of the press, and the like</u> is that these are of particular importance as aids to intercourse between men.
(今日、識者が人民の集会、演説会、道路網の整備、出版の自由などを唱道するのは人々の交際の助けとしてこれらが特に重要だからである。)

これは主語が長い文です。主語は、[The reason (intellectuals today are advocating the creation of popular assemblies, speech clubs, a better road system, freedom of the press, and the like)] までです。カッコの文が後ろから [The reason] を修飾しているのです。理由を表わす関係副詞（why）が [The reason] の後ろに省略されていると考えてください。[are of particular importance] は③に出てきた〈[of] ＋名詞＝形容詞（important）〉に [particular] が入り込んだ形です。

⑫ <u>Without</u> advanced discussion, there <u>would</u> be no bringing those who are backward to a more advanced stage.
(高遠な議論なしでは、後輩たちをより進んだ段階に進ませることはできない。)

ここでは、仮定法に注意してください。[Without] は [if it were not for]（もし～がなければ）という意味を1語で表すことができます。例えば **Without** Shakespeare's works, the world **would** be a dull place.（もしシェイクスピアの作品が無ければ、世の中は退屈だ。）「もしシェイクスピアの作品が無ければ」というのは仮定法ですよね。だって、現実には存在するシェ

イクスピアの作品が無いこととして仮定しているのですから。もしシェイクスピアの作品が本当にこの世に無かったら、私の人生は全く違ったものになっていたと思います。また、[there is no... ing]「〜は不可能だ」という成句も覚えておきましょう。There is no accounting for tastes.（人の好みは説明できない――十人十色）〔諺〕のように使います。

⑬ <u>On whom</u> would we be able to rely for looking into the future and opening the door to civilization?
（我々は未来を見通し文明への扉を開くことを委ねるのに誰に頼ればいいのだろうか。）

[On whom would we be able to rely for...] はちょっと見慣れないかたちだと思います。[who, whom, what, when, where...] などの疑問詞が文の最初に出るのは中学生の時に習ったはずです。この場合は、[whom] が [on] まで引きずってきたのです。この文は、[we would be able to rely **on** someone for...] の [someone] の部分が誰だか分からないので [whom] に置き換えて前に出しました。その際、[on] まで連れて行ったのです。そして、疑問詞が文頭に出ると主語と動詞がひっくり返りますので、[we would] が倒置して、[would we] となったのです。

⑭ We have reached a point <u>where</u> anyone <u>who</u> questioned them would be regarded as a fool and counted out of society!
（我々はそれに疑問を挟むものは愚人扱いされ、社会から放擲される段階にまでなっている。）

ここでは、[a point {<u>where</u> anyone (<u>who</u> questioned them) would be regarded as a fool and counted out of society}] と整理してください。[a point] を後ろから関係副詞節が修飾しています。その中にはさらに（　　）で括った関係代名詞節が修飾しています。[would] は仮定法ですね。そんな

ことに疑問を挟む人を筆者は実際に見たわけではありませんから。

⑮ Do not try to pressure others into your own way of thinking, nor try to induce conformity in every discussion, everywhere.
（他人を自分の考え方に無理やり合わさせたり、あらゆる議論、あらゆる場所でも、一致を導こうとしてはならない。）

　ここでは [nor] に注目しましょう。この語は、続く節に否定の概念を添える〈連結＋否定〉の言葉です。例えば、"He has no desire to become a scholar of Japanese history, **nor** of English grammar, **nor** of mathematics."（彼は、日本史の学者になりたいわけでも、英文法学者になりたいわけでも、数学者になりたいわけでもない。）とか、"I have not worked with him, **nor** will I ever do."（僕は彼と仕事をしたこともないし、する気もない。）というように使われます。[nor] は後に続く節に否定の意味が入ることを忘れないでください。

⑯ One must not discuss what is convenient for the coming year and err in plans for a hundred years ahead.
（来年の便・不便を論じて百年の計を誤ってはいけない。）

　[err] が動詞で、[discuss] と同格に並ぶことが見抜けましたか。動詞であることを知っていれば簡単ですが、知らなければ、逆に推測しましょう。名詞の [error] と間違わないようにしましょうね。とても似ています。語源的には同じなのです。

⑰ Now, while **it** has not been my intention to pre-determine a basis of argumentation, to point out how to arrive at it, and then to force everyone to agree with my view, I do wish to ask one question of every man in this land.

(今や、議論の土台をあらかじめ定め、どのようにそこに至るかを指摘し、私の意見に万人を従わせることは私の本意ではないが、この国のあらゆる人々に私は問いたい。)

[to pre-determine a basis of argumentation, to point out how to arrive at it, and then to force everyone to agree with my view...] の部分に注意しましょう。A, B, and then C というきれいな形をしています。これが、実は仮主語 [it] の指す本当の主語（たち）です。基本的に文を書く人は読む人に理解してもらいたいと思っています。そこでこういうパターンを使います。それをなるべくたくさん覚えることが英文を速く読むために必要です。

それぞれの文が理解できましたか？　上で指摘した事項は、他の部分にも出てきます。それを見つけながら、英文をさらにもう一度、最初から読んでみてください。

数字を読もう

英語で数字をどう読むかを表にしてみました。

日本語	数字	読み方
一	1	one
十	10	ten
百	100	one hundred
千	1,000	one thousand
一万	10,000	ten thousand
十万	100,000	one hundred thousand
百万	1,000,000	one million
千万	10,000,000	ten million
一億	100,000,000	one hundred million
十億	1,000,000,000	one billion
百億	10,000,000,000	ten billion
千億	100,000,000,000	one hundred billion
一兆	1,000,000,000,000	one trillion
十兆	10,000,000,000,000	ten trillion
百兆	100,000,000,000,000	one hundred trillion
千兆	1,000,000,000,000,000	one quadrillion

例えば、
1,234,567,891
は、
One billion / two hundred thirty four million / five hundred sixty seven thousand / eight hundred (and) ninety one.
と読みます。

　最後の ninety one の前に and を入れると何となくこれで終わりだよという感じで良いのですが、つけなくても可です。
　日本語では、「万」「億」「兆」と４桁ごとに表記が変わりますが、英語では「thousand」「million」「billion」「trillion」と３桁ごとに変わります。ですので、３桁ごとにカンマが振ってある大きい数字は英語で読む方が楽です。ただし、hundred thousand が十万、hundred million が１億ということは暗記しておくと便利です。だいたいの国の人口は、〜 million people で表せます。イギリスは約６千万人ですから、60 million people、日本は約１億２千万ですので、120 million people、アメリカは約３億１千万人ですので、310 million people です。今のところ人口で billion になるのは、中国とインド、それに世界全体（約 70 億＝ 7 billion）だけです。

数字を読もう　Tea Brk.

ついでに、ローマ数字も覚えましょう。ちょっと古い本や、建物の定礎などによく使われています。規則性が強いので覚えるのにあまり苦労はありません。

ローマ数字	数字	ローマ数字	数字
I	1	XIII	13
II	2	XIV	14
III	3	XV	15
IV	4	XVI	16
V	5	XVII	17
VI	6	XVIII	18
VII	7	XIX	19
VIII	8	XX	20
IX	9	L	50
X	10	C	100
XI	11	D	500
XII	12	M	1,000

以上のようになっていますから、MCMLXII は 1962 となります。つまり、M(1000)CM(900)LX(60)II(2) というわけです。なお、3999 は MMMCMXCIX ですが、ヴィクトリア朝に成立したローマ数字の通常の表記法では同じ文字を4回続けることはできないため、3999 以上は表すことができません。

英語で計算

生活の中で使う一般的な数字表現を覚えましょう。

1. 足し算でも引き算でも、Add や Subtract などを使って色々なパターンができますが、シンプルに、プラス、マイナスでの表現を見ていきましょう。イコールは「イーコールズ」（三人称単数現在の s が付きます）です。足し算、引き算以外にも掛け算、割り算もあります。

四則演算：the four basic operations of arithmetic			
足し算	Addition	和	the sum; the total; the amount; the total amount
引き算	Subtraction	差	the remainder; the difference
掛け算	Multiplication	積	the product
割り算	Division	商	the quotient

+	plus	−	minus
×	ultiplied by / times	÷	divided by
=	equals		

4 足す 2 は 6：Four plus two equals six.
4 引く 2 は 2：Four minus two equals two.
4 掛ける 2 は 8：Four multiplied by two equals eight.

英語で計算　Tea Brk.

4割る2は2：Four divided by two equals two.

＊3−(−2)＝5は、Three minus negative two equals five. と言います。−2は「マイナス2」とは読みません。「ネガティヴ2」ですのでお間違いなく（+2は「ポジティヴ2」です）。

2. 他にも様々な数字の表記があります。

平方(二乗)する	立方(三乗)する	四捨五入する	切り上げる	切り下げる	切り捨てる
square	cube	round off	round upwards	round downwards	disregard fractions

例えば、四捨五入を表す場合は、

　2.25 を小数第2位で四捨五入する（少数第1位に丸める）と2.3になる。
　2.25 rounded off to one decimal place is 2.3.

となります。

他には、

最大公約数	最小公倍数
the greatest common divisor（GCD）	the lowest common multiple（LCM）

小数	分数	分母	分子	偶数	奇数
decimal	fraction	denominator	numerator	even number	odd number

などがあり、

3/5 は、three-fifths
（分子を基数で、分母を序数で読みます。最後の s は複数形の s です。）
小数点表記の
　24.62 は、Twenty-four decimal (point) six two
（小数点以下は1字ずつ読みます。日本語でもそうですよね。）
となります。

3. 以下にもいくつか紹介します。それぞれ図に表してみてください。

図形	三角形	四角形	多角形
figure	triangle	quadrangle	polygon

辺	角	直角	対角線	平行線
side	angle	right angle	diagonal line	parallel lines

円	楕円	中心	円周	半径	直径
circle	ellipse	center	circumference	radius	diameter

面積	体積	重さ	長さ	幅	深さ
area	volume	weight	length	width	depth

　日本では、一部の業界を除いて、計量法（1959年完全実施）によってメートル法が一般的になりました。しかし、イギリス、アメリカでは、日常生活においてヤード、ポンドの単位を使う方が一般的です。日本人が使う必要はありませんが、相手の言っていることを理解するために以下に纏めました。

英語で計算　Tea Brk.

グローバル化の為に、尺貫法という美しい文化を捨てた私たちとしては、何か理不尽な思いは拭えませんので、私は、相手がマイルとかポンドとか言った時は、少し分からない振りをします。以下の換算値はいずれも概数です。

長さ・距離：

　これは結構重要です。自分の身長を言えるようにしておくと良いでしょう。私は身長178センチですので、6フィートくらいと言っています。イギリスに住んでいた時に「マイル」が最も身に染みたのは、速度でした。イギリスではMがつく高速道路の制限速度は、時速70マイル（＝112 km/h）です。自動車の速度計もマイル表示ですのでマイルとキロメートルを間違えて、「速度表示がまだ80だから大丈夫だ……」などと思っていると大変です。

インチ	1 inch	2.54 cm
フィート	1 foot = 12 inches	30.48 cm
ヤード	1 yard = 3 feet	91.4 cm
マイル	1 mile = 1,760 yards	1.609 km

重さ：

　「ポンド」だけ覚えておけばいいでしょう。これも自分の体重を覚えておくと良いと思います。私は今180ポンドありますが、170ポンドにしたいと思っています。

グレイン	1 grain	0.0648 g
オンス	1 ounce	28.35 g
ポンド	1 pound = 16 ounces = 7,000 grains	0.454 kg

容積・容量：

「パイント」だけ覚えておけばいいでしょう。私はお酒にあまり強くありませんので、イギリスのパブに入ると、ビールをハーフ・パイント注文して良い気持ちになりました。

オンス	1 fluid ounce	29.57ml（米国）
パイント	1 pint = 4 gills	0.473 l
クォート	1 quart = 2 pints	0.946 l
ガロン	1 gallon = 4 quarts	3.785 l
バレル	1 barrel = 42 gallons（原油）	158.987 l

面積：

「エーカー」を覚えておくと良いと思います。Jane Smiley にシェイクスピアの『リア王』を下敷きにした A Thousand Acres という名作があります。アメリカで成功した農夫の話です。アメリカと日本では感覚が違いますが、1000エーカーが広大であることには変わりありません。ちなみに、江戸時代、山形県庄内地方の大地主である本間家は、3000町歩（約7300エーカー）の土地を持っていたと言われています。

平方インチ	1 square inch	6.45cm²
平方フィート	1 square foot = 144 square inches	0.0929m²
平方ヤード	1 square yard = 9 square feet	0.836m²
エーカー	1 acre = 4,840 square yards	4,047m²
平方マイル	1 square mile = 640 acres	2.59km²

英語で計算　Tea Brk.

温度：

　英語圏では、華氏も頻繁に使われます。換算式は次のようになります。
C＝5/9×(F－32)　　F＝9/5×C＋32

-18℃ =　0℃	20℃ =　68℃
0℃ = 32℃	25℃ =　77℃
5℃ = 41℃	30℃ =　86℃
10℃ = 50℃	35℃ =　95℃
15℃ = 59℃	100℃ = 212℃

　摂氏（Celsius：セルシウス）は、水の融点を0、沸点を100としたものです。一方、華氏（Fahrenheit：ファーレンハイト）は、当時人間が測ることができた最低温度であるマイナス18°を基準として、人間の温度を96°としたと言われています。つまり、華氏では100を超えると人体の標準温度を超える暑さということになります。西洋では「人は風邪をひくと羊になる」と言われますが、これは、華氏では体温の高い動物である羊の直腸温度を100°としたことによります。

Chapter 3
英語基本勉強法

「英語をもう一度勉強したいと思っているのだけど…」「どう勉強したらいいのだろう？」「そもそも英語を学ぶってどういうことなのだろう？」という皆さんの念いを、この章で実現できるよう英語の基本勉強法を示しました。皆さんの目標としていただきたいポイントをまとめ、さまざまな学習手段を紹介します。

英語を身につけたいと思っている皆さんのために
〜効率の良い勉強法とは〜

1 目的をはっきりさせる

　この本の大部分の読者は、朝から晩まで、「日本語で」読んだり、書いたり、テレビを見たり、人と話したりしていると思います。仕事も多分日本語のみでほぼ不自由がないでしょう。そうであれば、「英語を勉強する」と言いますが、まずは何のために英語を習うのかをはっきりとさせる必要があります。

　私たちが想定する英語学習の目的は、英語によってきちんと意思疎通ができる技能を身につけることです。この場合の意思疎通というのは、単に外国に行って買い物ができるとか、外国人と他愛もない片言のお喋りができるということではありません。口頭によっても、文字によっても、**相手の思想をきちんと受け取り、こちらの思想をきちんと発信できるということ**です。

　逆の言い方をすれば、この本で想定しているのは、俗語を駆使してまるでニューヨークにいるアメリカ人のように猛スピードで会話ができることを目指す人たちではありません。また、英語で詩を鑑賞するとか、英語で小説を書くということはさらに次のオプションです。時々、方言を駆使する気持ち悪いほど日本語会話が上手い外国人がいますが、そうなる必要はありませんし、そうなりたいと私は思いません。それに、私たち筆者は英文学の研究者ですから、英詩を鑑賞し、英語で論文を書きますが、それにはまた特別な訓練が必要でした。少なくとも、この本は英語の学び直しを志した方々を想定していますので、まるで帰国子女のように英会話ができるようになりたい、通訳になりたい、英語の詩人になりたいと思う人にはまた別の心構えと別の導きが必要です。

　「ゆっくりではあっても、きちんと英語の本が読めて、相手の言うことが

わかり、自分の言いたいポイントをきちんと伝えられて、英語で手紙やメールが書けること」、それがこの本の読者の目標です。

2　4つの技能

　言葉を身につける場合、おおむね4つの技能があります。(1) 読むこと、(2) 書くこと、(3) 聞くこと、(4) 話すこと、です。このうち、読むことと聞くことは受動的な側面、書くことと話すことは能動的な側面です。この全てに秀でた技術を持つことが理想ではありますが、この4つのうち、日本で英語を勉強する時に最も効率が良いのは、「読むこと」と「聞くこと」です。

　日本で英語を学習する場合、書くことと話すことの技能を身につけるのに必要な環境が私たちには欠けています。英語公用語圏に行った時は、朝は"Good Morning"で始まり、買い物をするにも、書類を書くにも、英語を使うことは言うまでもありません。しかし、日本にいる私たちは日常生活で英語を話すことはめったにありません。英語でメールを書くこともほとんどないでしょう。普段置かれている環境と必要性が違うのです。ですから、将来その必要が生じた時に、少し慣れれば（3日、3週間、あるいは3か月で）、十分に会話によって意思疎通ができて、少し訓練すれば、きちんとした英語の文章が書けるようになるだけの素地を、「読むこと」と「聞くこと」によって作っておきましょう。

3　読むことのススメ

　辞書と基本的な文法書を座右に置き、ラインマーカーをもって原書に向い、ひと月に200頁から300頁ぐらいの洋書を読むことをススメます。最初に、分からない単語には緑のライン、注目すべきフレーズには青のライン、覚えたい英文や感動したフレーズはオレンジのラインと決めておき、マーキングしていくといいでしょう。ラインマーカーは本を個性化します。読み終えた

時、それは自分だけの本になるはずです。慶應義塾大学文学部英文科で長く教鞭をとった大詩人の西脇順三郎は、本を買ってきたら「まず嗅げ」と言ったと伝えられています。英書がモノとして個性化された時、嗅ぎたくなる程愛おしい、自分だけの宝物となるのです。

　より具体的におススメするのは、①探偵小説と②英雑誌です。探偵小説は、ある程度速く読まないと内容が分からなくなってしまいますし、ある程度きちんと読まないと筋が通らなくなってしまいます。「あれ？　この人は前のページで死んだはずなのに？」と思ったら自分の読みが間違えているのです。それに、多くの探偵小説は、一定の長さで章立てがしてありますので、1回の区切りがはっきりしていて読みやすいはずです。「では何から読むのがよいのか？」という読者のために、私のお気に入りの3冊をあげておきましょう。3人とも女流です。いずれもきちんとした英語で書かれた傑作です。翻訳はありますが買ってはいけません。一度翻訳をそばに置いてしまうと翻訳なしでは読めなくなってしまうからです。どうしても分からない箇所があったら図書館に行って確認してください。

- Agatha Christie, *4.50 from Paddington*. 私が最初に読んだクリスティーでした。（アガサ・クリスティー）
- Ruth Rendell, *A Judgement in Stone*. 大傑作だと思います。殺人の動機に注目です。（ルース・レンデル）
- Minette Walters, *The Sculptress*. 厚い本ですが、人物表現に読み応えがあります。（ミネット・ウォルターズ）

　次に英雑誌です。私は、学生時代にある高名な英語学者がススメていた方法を少し変えて実行したことがあります。確かに有効でしたのでご紹介します。まず、予約購読をしてしまいましょう。この際、英字新聞よりも週刊誌の方がいいです。英字新聞を毎日きちんと読むことは至難の業です。結局、いつか読もうと思いつつ1年後に古新聞として捨てられるのがオチです。週刊誌の場合は、必ず2つの記事は読むと決めておきます。私の場合、*Time*

を購読しましたので、カバーストーリーとカルチャーだけは読みました。そして、読み終えたら、表紙を切り取って一緒に綴じておき、後は必ず捨てましょう。半年間溜まるととても充実感があり、新しい語彙や、文化が身につきます。今では、多くの英雑誌にはネット上でのサポートもあります。さらにその英語学者がススメていたのは、喫茶店に行って読み終わるまで出てこないというものでしたが、私が住んでいた田舎では近くに喫茶店などというものはありませんでしたのでその部分は諦めました。

4　聞くことのススメ

　読むこととならんで英語を聞くことをおススメします。私たちは日常生活において移動、細かい待ち時間、単純作業が多くあります。毎日の通勤、病院や美容院の待ち時間、洗い物や親の介護などなど……。細かい時間を活用するのに、スマホやiPodは大きな味方です。

　最近は、英語の朗読作品、演説、インタヴュー、会話教材が数多く出版されています。それをスマホに入れて、待ち時間に聞くのはとても有効な学習手段です。あるいは、NHKのラジオ英語講座を録音して持ち歩くのもいいでしょう。こちらもネット上でのサポートがかなり充実していますので、利用してみてください。NHKの語学講座は超一流の講師が、丁寧に番組を制作しているのがよくわかります。私は、杉田敏先生のビジネス英語講座を愛聴しており、しばらくたった後、纏まった書籍版を買って、そのCDをいつも聞いていました。そこで、SOHOやEco Tourismといった単語を覚えました。

　何から始めればいいか分からない人は、歴史上の偉大なスピーチを聞くことをおススメします。リンカーン、チャーチル、キング牧師、ケネディ大統領、サッチャー首相、レーガン大統領、ノーベル賞受賞者たち……など流石に西洋は演説で政治をおこなってきた国です。素晴らしいスピーチにはこと欠きません。さてここで演説が主役となる映画を3本紹介させて下さい。その演説部分を持ち歩いてはいかがでしょうか。

- チャールズ・チャップリン監督、『独裁者』(1940)。最後のファシズムを糾弾するチャーリー／ヒンケルの長台詞は素晴らしいです。
- ジョーゼフ・L・マンキーウィッツ監督、『ジュリアス・シーザー』(1953)。ジェームズ・メイソンとマーロン・ブランドの演説対決です。
- トム・フーパー監督、『英国王のスピーチ』(2010)。泣けます。国王という職業が、残酷なまでに言葉の上に成り立っていることがよく分かります。

併せて、テレビ教材について紹介いたします。最近はBSを中心にして多くの英語番組がバイリンガルで放映されています。その中でも、NHKの国際報道は優れています。「ABCニュースシャワー」は、英語字幕付き、日本語字幕付き、字幕なしの3回の繰り返しとポイントの説明というシンプルながら非常に優れた構成になっています。5分番組ですが、気にいったものは残しておいて繰り返し見るのが良いと思います。私は予約録画をして、職場に行く前に見るようにしています。「CNNスチューデントニュース」は、もう少しローカルな感じですが、アメリカ人学生のような気分になれます。「BBCブレックファストニュース」ではイギリス語のニュースが直に味わえますし、少し学習的な色彩が強いですが「ニュースで英会話」も勉強になります。その他にも優れたものはありますが、私の一押しは、「ABCニュースシャワー」です。言うまでもなく、ネット上には多くの英語音源がありますが、ここで一番重要なことは、〈続ける〉ということです。自分の生活スタイルにあった一定のリズムを作ってしまいましょう。

5　最後に

何にしても場数を踏むことが必要です。私は、「日本で英語を勉強するのに最も効率が良いのは、読むことと聞くことです」と先に言いましたが、スカイプを使って、英国ヨークシャーに友達を作り、定期的にやり取りをすることで会話が大上達した人を知っています。そういう手段が可能ならば、どんどん利用するのが良いと思います。学部生時代、私は、英語学習と友達作

りが目的で、奥多摩で行われた English Bible Camp というキリスト教の学習合宿に参加したことがあります。とても楽しいひと夏の経験でした。また、私の親友は英会話を磨くために都心の一流ホテルでアルバイトをしていました。

　いずれの方法でも発信には積極性が重要なのです。もし、日本にいながら英語のコミュニケーションを中心に習いたかったら、よんどころない状況を作ってそこに身を置くのが有効だと思います。これは私見ですが、私はいわゆる英会話スクールをススメません。そんな大金を払わなくとも、至る所に英語学習の方法は溢れていますし、そのお金があったらそれを貯金し、短期間でも英語圏に旅行することをおススメします。

Tea Break 5

英語の歴史
〜性（Gender）と格（Case）の消滅〜

　Englishとは「アングル人（Angles）の言葉」という意味です。アングル人とはゲルマン民族の1部族で、5世紀頃に大陸からブリテン島に移住してきました。ゲルマンの人々が話していた言葉がゲルマン語なのですが、同じゲルマン語でも部族ごとに「方言」があったのです。Englishもこうした方言の1つと考えて差し支えありません。ちなみに、現在のドイツ語・デンマーク語・スウェーデン語などもゲルマン語に属します。

　ブリテン島に定着したアングル人の言語は、ノルマン征服（1066）によるフランス語の公用語化をはじめ、さまざまな試練を受けながら、1000年足らずの間に大きく変貌を遂げていきます。紀元700年頃から1150年頃までの英語を古英語（Old English ＞ OE）と呼びますが、下の表はその古英語における定冠詞＋名詞の格変化を示しています。

［格変化表］

		男性		中性		女性	
単数	主格	se	stān	þæt	hūs	sēo	talu
	対格	þone	stān	þæt	hūs	þā	tale
	属格	þæs	stānes	þæs	hūses	þǣre	tale
	与格	þǣm	stāne	þǣm	hūse	þǣre	tale
複数	主格	þā	stānas	þā	hūs	þā	tala
	対格	þā	stānas	þā	hūs	þā	tala
	属格	þāra	stāna	þāra	hūsa	þāra	tala
	与格	þǣm	stānum	þǣm	hūsum	þǣm	talum

（岩崎春雄・忍足欣四郎・小島義郎編『現代人のための英語の常識百科』（研究社、1988年）、p.15より借用）

英語の歴史 | Tea Brk

　古英語において名詞を扱う際には、常に性（Gender）・数（Number）・格（Case）に留意する必要がありました。名詞を修飾する冠詞・形容詞・所有代名詞なども格変化をするので、同様の注意が必要でした。これが、中英語（Middle English > ME、紀元1150年頃から1500年頃）の時代になると、大きく変わります。

[格変化表]

		男性	中性	女性
単数	主格	the stoon	the hous	the tāle
	対格	the stoon	the hous	the tāle
	属格	the stōnes	the houses	the tāles
	与格	the stoon	the hous	the tāle
複数	主格	the stōnes	the houses	the tāles
	対格	the stōnes	the houses	the tāles
	属格	the stōnes	the houses	the tāles
	与格	the stōnes	the houses	the tāles

（同書、p.23より借用）

　すでに現代英語（Contemporary English）と比べても大きな違いはありませんね。もはや定冠詞によって3性を区別することはできません。格変化にしても、男性名詞に準ずる形で統一され、主格・対格・与格の形態上の区別はなくなっています。
　さて、名詞の格が消滅するということは何を意味するでしょうか。それは、文の中で名詞が果たす役割について知るすべを失うということです。たとえば、語の形態からだけでは、それが主語なのか目的語なのかを判断することができないのです。そこで手がかりとなるのは、文における語（品詞）の位置です。すなわち、現代英語においては、主語＋動詞＋目的語といった語順こそが、文の命脈を保つ命綱といえるほどに重要なものとなったのです。

141

＊同じくゲルマンの部族であるサクソン人（Saxons）やフリースランド人（Frisians）も同じ頃に渡ってきたようです。【参照】古英語のことを Anglo-Saxon とも呼びます。
＊西暦 1500 年以降の英語を近代英語（Modern English）と呼びます。

「クマ」と「ひげ」
～英語の発音について～

　Bear「熊」は [béə]（「ベア」）、Beard「ひげ」は [bíəd]（「ビアッド」）と発音します。最後に /d/ を付けただけなのに、どうして、「ベアド」ではなく「ビアッド」になるのでしょうか。これは英語の発音の歴史変化が関係しています。

　英語の発音は 1400 年代後半から 1700 年代前半にかけて大きく変わります。一言でいえば、舌の調音点が高くなったのです。この現象をデンマークの大言語学者、オットー・イェスペルセンは「大母音推移」（Great Vowel Sift）と名付けました。

　簡略化して示すと各音の舌の位置は図のようになります。自分の舌の位置を意識して発音してみて下さい。

舌の位置	前の方	後の方
高い	/iː/（イー） → /ei/（エイ）	/əu/（エウ） ← /uː/（ウー）
真ん中	（エー）/eː/　　/ai/（アイ） （エー）/ɛː/ *	/au/（アウ）　　/oː/（オー） /ɔː/*（オー）
低い	（アー）/aː/	*：少し口を開き気味にします

　多分、都市化の影響によって、約 300 年の間に舌の調音点が高くなっていったのです。人間は人が多く集まると緊張するものですよね。そして、次の例のように発音が変化したのです。それがいつ、どうして起こり、単語によって現れ方が異なる理由ははっきりとは分かりません。

Name：ナーマ→ネーム→ネイム
Moon：モーン→ムーン
Like：リーカ→ライク
House：フース→ハウス

　シェイクスピアの時代（1600年前後）では、この大母音推移が起こっている最中でしたから、例えば、SeeとSeaの発音は違いました。

See：セェー→スイー
Sea：セァー→セェー→スイー

　重要なことは、この発音の変化がちょうど活版印刷の発明の時期にあたり、綴り字の方は固定化したということです。つまり、綴りと発音が一致しなくなってしまったのです。Moonは普通にローマ字でよめば「モーン」ですよね。「ムーン」ならば *Muun として欲しいところです。でも発音は「ムーン」と変化して、綴り字はMoonで固定されてしまったのです。さて、「クマ」と「ひげ」の話に戻りましょう。Wilhelm Hornという学者は無意識の感情的興奮の高まりに着目し、人間は興奮すると喉仏の位置が高くなり母音も高くなることを指摘しました。例えばBearとBeardは中世英語では同音ですが、近代英語では「ベア」と「ビアッド」になりました。これは女性が無意識に髭と男性を結びつけて性的側面を感じ、Beardのeaを高く発音したことによると説明されます。では、なぜ、熊だと興奮しないのかと訊かれると……筆者には分かりません。

（参考：渡部昇一『英語の歴史』大修館、1983）

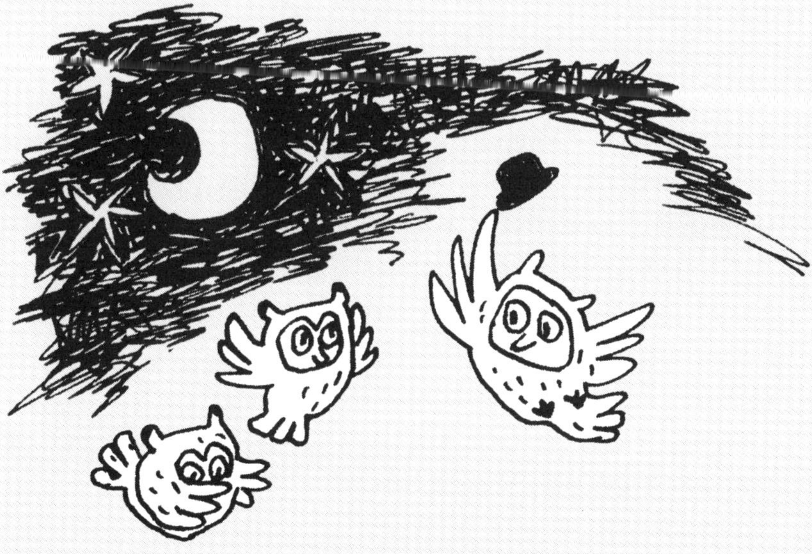

Appendix 1　英語の暦

四季（the Four Seasons）
- Spring（春）　●Summer（夏）　●Fall / Autumn（秋）　●Winter（冬）

　秋は米国で fall、英国では autumn です。fall は fall of the leaf に由来する言葉で、秋のイメージを見事に象徴しています。アメリカ英語にこの言葉があることを羨ましく思うイギリス人も多いようです。

暦月（the Calendar Month）
- January（1月）　●February（2月）　●March（3月）　●April（4月）
- May（5月）　●June（6月）　●July（7月）　●August（8月）　●September（9月）　●October（10月）　●November（11月）　●December（12月）

　ローマの暦から借りています。September, October, November, December はそれぞれ7番目、8番目、9番目、10番目の月を表しますが、ローマ暦では現在の3月から1年が始まったのです。後に5番目と6番目の月が Julius Caesar の月、初代ローマ皇帝の Augustus の月となり、年の始まりを1月からとすることで、現在のようになりました。

曜日（Day of the Week）
- Sunday（日曜）　●Monday（月曜）　●Tuesday（火曜）　●Wednesday（水曜）　●Thursday（木曜）　●Friday（金曜）　●Saturday（土曜）

　ご存知のように惑星に因む命名法です。火曜日から金曜日まではローマ神話の神（惑星）の名をゲルマン神話の神の名に変えています。

祝日：米国（legal holidays）
- New Year's Day：元日（1月1日）　●Martin Luther King's Day：キング牧師誕生日（1月第3月曜日）　●Presidents Day/Washington's

Birthday：大統領の日／ワシントン誕生日（2月の第3月曜日） ●Memorial [Decoration] Day：戦死将兵追悼記念日（5月の最後の月曜日） ●Independence Day：独立記念日（7月4日） ●Labor Day：労働者の日（9月の第1月曜日） ●Columbus Day：コロンブス祭（10月の第2月曜日） ●Veterans Day：退役軍人の日（11月11日） ●Thanksgiving Day：感謝祭（11月の第4木曜日） ●Christmas Day：キリスト降誕祭（12月25日）

なお、祝日の決定権は各州にあるので、州によって祝日の数が異なることがあります。

祝日：英国（bank holidays）
●New Year's Day：元日（1月1日） ●Good Friday：聖金曜日（復活祭の前の金曜日） ●Easter Monday：復活祭明けの月曜日（復活祭翌日の月曜日） ●Early May Bank Holiday（5月の第1月曜日） ●Spring Bank Holiday（5月最後の月曜日） ●Summer Bank Holiday（8月最後の月曜日） ●Christmas Day：キリスト降誕祭（12月25日） ●Boxing Day：クリスマスの贈り物の日（12月26日）

スコットランドでは、Second January（1月2日）も休日になります。また Summer Bank Holiday は8月の第1月曜に設定されています。11月30日は St. Andrews Day 聖アンドルー（スコットランドの守護聖人）の日で祝日となります。北アイルランドでは、3月17日が St Patrick's Day 聖パトリック（守護聖人）の日、7月12日が Battle of the Boyne ボインの戦いの日で祝日です。

なお、Boxing Day というのは、日ごろの労をねぎらって召使や御用聞きに物品やお金を贈る日ですが、今ではプレゼントを贈る相手はおもに子供たちのようです。日本のお年玉もかつては家臣の労をねぎらって贈られたそうですから、同じような習慣が同じような変遷をたどったのですね。

＊復活祭：Easter Day [Sunday]：3月21日以降の満月の日の後にくる最初の日曜日。

Appendix 2 世界で使われている英語

　今や世界で英語が使われています。グローバル化しているといってもよいでしょう。英語を公用語とする独立国（事実上の公用語である場合も含む）だけでもこんなにあります。
　アメリカやイギリス、オーストラリア以外にも英語が話されている国があるということは、どういうことを表しているのか……そのようなことを考えながら世界地図をながめてみてください。

ヨーロッパ
●アイルランド　●マルタ　●イギリス（the United Kingdom of Great Britain and Northern Ireland）［事実上の公用語］

北アメリカ
●アメリカ合衆国（the United States of America）［事実上の公用語］　●カナダ（Canada）

中央アメリカ／カリブ
●ベリーズ

南アメリカ／カリブ
●ガイアナ

カリブ
●アンティグア・バーブーダ　●グレナダ　●ジャマイカ　●セントクリストファー・ネイビス　●セントビンセント・グレナディーン　●セントルシア　●ドミニカ国　●トリニダードトバゴ　●バハマ　●バルバドス

世界で使われている英語 Apx.

アジア
●インド ●シンガポール ●パキスタン ●フィリピン

アジア／中東
●イスラエル［事実上公用語だが、第一言語ではない］

アフリカ
●ウガンダ ●エリトリア ●ガーナ ●カメルーン ●ガンビア ●ケニア ●ザンビア ●シエラレオネ ●ジンバブエ ●スーダン ●スワジランド ●ソマリランド ●タンザニア ●ナイジェリア ●ナミビア ●ボツワナ ●マラウィー ●南アフリカ ●南スーダン ●リベリア ●ルワンダ ●レソト

アフリカ／インド洋
●セーシェル ●モーリシャス

オセアニア
●キリバス ●クック諸島 ●サモア ●ソロモン諸島 ●ツバル ●トンガ ●ナウル ●ニウエ ●ニュージーランド（New Zealand） ●バヌアツ ●パプアニューギニア ●パラオ ●フィジー ●マーシャル諸島 ●ミクロネシア連邦 ●オーストラリア（Australia）［事実上の公用語］

※非独立地域は除く

著者紹介
小宮　繁（こみや　しげる）
慶應義塾大学理工学部専任講師。1983 年慶應義塾大学大学院博士課程文学研究科英米文学専攻単位取得退学。20 世紀英文学を専門とする。

小菅隼人（こすげ　はやと）
慶應義塾大学理工学部教授。1990 年慶應義塾大学大学院博士課程文学研究科英米文学専攻単位取得退学。英国ルネサンス期（チューダー王朝）の演劇、Shakespeare 研究、日本と西洋の比較演劇研究、身体論研究を専門とする。

学びなおし English

2016 年 3 月 25 日　初版第 1 刷発行

著　者　────　小宮　繁・小菅隼人
発行者　────　古屋正博
発行所　────　慶應義塾大学出版会株式会社
　　　　　　　〒108-8346　東京都港区三田 2-19-30
　　　　　　　TEL　〔編集部〕03-3451-0931
　　　　　　　　　　〔営業部〕03-3451-3584〈ご注文〉
　　　　　　　　　　〔　〃　〕03-3451-6926
　　　　　　　FAX　〔営業部〕03-3451-3122
　　　　　　　振替　00190-8-155497
　　　　　　　http://www.keio-up.co.jp/

本文デザイン 装丁　──　土屋　光
イラスト　─────　小迫かをり
印刷・製本　─────　中央精版印刷株式会社
カバー印刷　─────　株式会社太平印刷社

© 2016 Shigeru Komiya, Hayato Kosuge
Printed in Japan　ISBN978-4-7664-2301-3